JN444512

리더십레슨

리더십레슨

초판인쇄 _ 2019년 2월 8일
초판발행 _ 2019년 2월 15일

지은이 _ 강미아
발행인 _ 정종영
발행처 _ 도서출판 부카
주 소 _ 대구광역시 달서구 문화회관길 165
대구출판산업지원센터 308호
전 화 _ 053-423-1912, FAX _ 053-639-1912
메 일 _ bookaa@hanmail.net

저작권자의 협의에 의하여 검인을 생략 합니다.
이 책은 저작권법에 따라 보호를 받는 저작물 입니다

정가 12,000원
ISBN 979-11-89045-22-7

강미아
지음

리더십레슨

도서출판
부카

들어가는 글

보잘 것 없는 자신인 줄 안다. 미천한 나의 경험들이 오늘을 있게 하였다. 빈손으로 태어나 얻은 것들조차 내 것이 아니기에 멀지 않은 미래에 세상을 이끌고 나갈 운명을 짊어지고 있는 후학들에게 또 후배들에게 도움이 될 존재이기를 소망하며 세상에 풀어낸다.

리더십. 전공으로 심도 있는 학업의 형태로 공부

한 경험은 없다. 스스로 리더라고 여기는 많은 엘리트들을 만나면서 그들이 지닌 역량보다 더 중요한 무엇을 발견하게 된 것이 대학에서 “리더십”강의를 맡도록 이끌었다. 이는 리더십과 리더십 발현에 필요한 것들에 대해 대학의 구성원으로서 고민하고 탐구하게 하였다.

리더십에 정말 필요한 그것은 다름 아닌 멤버십을 실천하는 태도이다. 멤버십 발현에 충실한 경험적 가치들이 결국에는 조직, 사회 그리고 자신의 주인으로 리더로 살아가게 하는 자원이 된다. 예외는 없다. 특별한 금력과 권력을 가진 이들이라 하더라도.

나는 보통사람들의 삶에서 다른 이들의 꿈을 지지하고 응원하기 위해 행동으로 실천하는 도움을 나눌 수 있는 좋은 사회를 희망한다. 그에 어울리는 멤버십을 갖춘 리더를 기다린다.

기다리는 동안 공동의 사회현상에 관심을 갖고 비판적 사고를 하고 희생을 감내하는 대책을 수행하는 과정을 더하고 나누고자 한다. 멤버십의 실천을 위해 필요한 과정이다.

살아오는 동안 이슈가 되었던 여러 일들 중에서 나의 관심은 리더십, 교육 그리고 환경으로 수렴되었다. 환경공학을 전공으로 하고자 하는 후학들을 교육의 장에서 만나 그들이 우리 사회의 리더가 되는 길에 작은 힘을 보태고 싶을 뿐.

교육의 장, 사회의 장 그리고 사고의 장에 기고문과 평소 마음에 담았던 멤버로서의 실천에 근간이 되는 생각들을 정리하였다. 레슨은 가르치면서 더 많이 배우는 훈련이다. 미래 리더들에게 많이 배운다. 고맙다. 표지디자인과 삽화에 도움을 준 김영식 교수, 김병철 작가와 쑨지 작가에게 감사의 마음을 전한다.

2019년 1월

강 미 아

순 서

교육의 장

교육의 본질

교육의 장에서 만나는 교육자들과 피교육자들은 어떤 생각에 일체감을 느끼고 또 어떤 마음에 공감을 하게 되는가. 이와 같은 일체감과 공감은 교육 목적에 유용한가. 교육의 목적은 교육의 장에서 발생하는 활동에 방향을 제시하고 있는가. 질문에 질문이 꼬리를 문다.

사격장에서 하는 훈련의 목적은 눈앞에 보이는 표적에 명중시키고자 하는 목표에 적합하여야 한다. 당연히 목적에는 표적에 대한 정보 뿐 만 아니라 사용하는 총을 잘 다루기 위한 행동 등에 관한 훈련도 포함될 것이다.

대학교육의 목표는 무엇인가. 목표에 이르기 위한 목적은 어떻게 계획하고 또 어떻게 달성하는가. 과연 교육은 목적을 가지고 있기는 한가.

존 듀이(John Dewey, 미국, 교육학자, 1859-1952)는 교육자체에는 목적이 없음을 분명히 하였다. 목적을 품고 있지 않은 교육을 통해 우리는 어떤 목표를 향해 질주를 하고 있는가. 질주란 저 끄

트머리에 보이는 깃발만을 응시한 채 오직 깃발 방향으로의 전진을 의미한다.

존 듀이는 민주주의와 교육/철학의 개조에서 경험의 가치 척도는 그것이 나타내게 될 관계 내지 연속성의 인식에 있다고 정리하였다. 죤 듀이에 따르면 경험은 누적적이면, 즉 무엇인가에 도달한다면, 다시 말해 의미를 갖는다면, 그만큼 인식을 포함하게 되는 것이다.

교육에서의 경험. 질주하는 동안 경험은 어떻게 형성되는지, 쏜 화살처럼 그 화살 자체에 경험이 쌓여가지만 정작 화살을 쏜 이에게는 그 경험이 스쳐지나버려 경험 아닌 경험이 되는 것인지 등에 대한 고민은 강단에서의 시간이 길어질수록 깊어져 갔다.

교육자와 피교육자가 공동주체인 대학의 강단. 그 대학교육의 장에서 교육자(환경공학전공 교수)이면서 피교육자(교육학전공 박사과정 수료)인 양면성을 가지는 입장에 있는 나는 무엇을 목표로 하며 어떤 목적과 방법적 수단으로 가르치고 배우고 있는가. 잘 가르친다는 것은 무엇이며, 배우는 것은 또 무엇인가.

교육의 목표, 목적 그리고 방법 등은 교육자의 가치에 앞서 피교육자의 가치가 그 본질을 결정해야 한다고 생각한다. 따라서 피교육자가 교육을 통해 얻고자 하는 것이 교육의 본질이 된다. 존 듀이가 일찍이 교육 자체에는 목적이 없는 것이라 했는데 이 말은 사실 이해하기가 참 어렵다. 그러나 경험은 축적되어 연속할 수 있는 성질임을 알게 되면 교육의 본질을 이해하는 것은 그리 어렵지 않다.

나는 가르치는 것을 즐거워한다. 잘 하는 일이기도 하다. 맞춤형과 같이 따로 부연설명하지 않아도 나와 함께 교육의 장에 있는 피교육자가 중심이 되는 교육방법을 마땅한 것으로 알고 고군분투한다. 나의 노력 없이 전해 줄 수 있는 것은 이미 스마트폰이 해결해주고 있으니 피교육자는 나로부터 약간의 보충설명만 필요한 것이지 않은가. 피교육자에게 이러한 방법을 시도하여 지도하는 것은 그들 스스로 다음에 받을 교육을 수월하게 받을 수 있도록 돕는 것이 가능하기에 그러하다.

가르치는 일은 알고 있는 것을 나누는 과정이어서 즐겁다. 또 배우는 일은 하얀 도화지에 그림을 그리는 과정이어서 행복하다. 물론 배우는 전 과정이 한 단계씩 효과적으로 결과를 생산하는 것은 아니다. 비뚤한 선이 될 때도 있고, 더딘 때를 만날 수도 있고, 몇 번을 다시 봐야 하는 인내를 요구하는 때도 있다. 그럼에도 결과는 항상 다음 과정을 수월하게 하는 수단으로 사용되는 목적을 달성하게 한다.

교육의 장은 다양한 나무가 숨 쉬는 공간이다. 수많은 종류의 나무가 있는 대학은 피교육자가 대학을 결정하여 입학하고 적어도 4년을 수학하여 열매를 맺는 곳이다. 그래서 대학 강단에서 만나는 교육자(전임, 비전임 모두 포함)와 피교육자는 열매를 맺는 과정을 함께 경험한다. 가르치는 즐거움과 배우는 행복이 열매를 맺게 하는 자양분이 된다.

나무 위의 열매들은 여러 갈래의 삶을 의미한다. 삶은 열매의 종류보다 더 다양한 계층으로 구성되고 어떤 종류의 열매라 하더라도 행복을 얻는다. 가끔은 한 강단의 나무에서 흙의 산물이 아닌 붕어가 결과로 나타날 수 있고, 아쉽게도 완성되지 못한 체 열매가 되어버리는 사과가 생기기도 한다.

나무 위의 붕어는 다른 이들에게 다름의 세계, 즉 창의적 세계를 선사하고, 썩은 사과는 자양분의 개선을 유도할 것이다.

이와 같이 교육은 다양한 열매들로 결실을 맺도록 그 성장을 돕는다. 부족하거나 특별한 것에 대한 이해와 응원을 통해 오늘의 교육이 내일의 교육 흡수 및 확대에 목적이 되는 것이 교육의 본질이라 여긴다.

교육의 본질을 이해하는 것은 가르치는 자의 즐거움과 배우는 자의 행복을 더해주는 지름길이다.

가르치는 자는 오늘 행하는 그의 교육이 배우는 자의 내일의 교육에 관계하는 주요 과정임을 한시도 잊지 말아야 한다.

배우는 자는 타인과 다름에 우울해하지 말고 자신의 삶에서 가장 가치 있는 목표를 향해 가면 된다. 오늘 배우는 것이 내일에 유용할 것이니. 대학생은 가능하면 경험을 많이 하는 것이 좋겠다. 어차피 내일 활용할 경험이며, 그렇다면 먼저 경험할수록 활용도가 높을 터니까. 교육의 본질에 충실한 셈은 간단하다.

멤버십 혁신

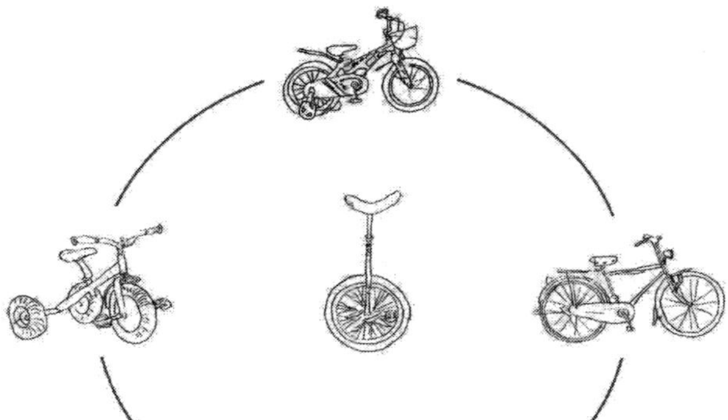

인생. 돌고 돈다. 크게는 지구촌의 구성원으로, 작게는 가족의 구성원으로 '멤버십'을 갖추고 산다. 그 무엇보다 가장 중요한 멤버십을 구현해야 하는 경우는 자기 자신의 중심이자 구성원일 때이다. 스스로가 자신의 행동에 직접 관여하고, 행동결과는 사회에 소용되는 실질적 · 추상적 가치를 생산한다는 사실을 깨달아야 한다.

비록 우리가 누군가의 고용에 의해 일을 하고 있는 경우에 스스로 정한 가치보다 우리를 고용한 이의 목적을 달성하는 것이 우선하기도 하지만 말이다. 자신이 자신의 주인임에는 변함이 없는 것이다. 물론 이미 말한 바와 같이 자신은 자신의 소신을 행동으로 실행하는 구성원이기도 하다.

자신의 주인이자 멤버이면서 또 사회의 멤버인 보통사람들은 주인과 사회 모두의 행복한 미래를 위해 시간이 흘러가는 방향으로 기꺼이 오늘의 화살을 쏜다.

나는 그 과정에서 우리가 경험하는 삶의 변화를 자전거 타는 법을 배우는 과정에 비유하고자 한다.

유모차. 언어로 소통하기 어려운 아기가 바깥세상을 만날 때 유용하게 사용된다. 유모차에 타는 아기들은 세상에 대해 어떠한 편견도 가지지 않고 있을 것이라 예측할 수 있다. 돌이켜볼 수 있다 하더라도 유모차에서 바라다보았던 세상은 기억에 남아있지 않다. 그렇지만 지금의 아이들처럼 새로운 풍경을 즐겼을 것이며, 그러다 잠이 오면 누군가에게 물어보지 않고 스스로 판단하여 눈을 감았으리라. 두려움 없이 맘껏 세상을 맛보았으리라. 멤버로서의 의무도 책임도 없었으며 권한도 없는 자연인 상태인 것이다.

세발자전거. 이제 아이는 자신의 발로 세상을 활보하고 싶어진다. 확장욕구다. 바퀴 세 개로 자신을 지탱해줄 세발자건거를 수단으로 자신의 확장욕구를 맘껏 발휘할 자신도 있다. 세발자전거는 방향

조정이 쉽도록 앞에는 한 개의 바퀴로, 뒤에는 두 개의 바퀴로 아이의 불균형 요소를 보완하도록 구성되어 있다. 외적인 요소를 제외하면 아이의 마음에는 그리 어려워 보이지 않을뿐더러 안전함도 느껴진다. 해볼 만한 것이다.

요령이 생기면 세발자전거의 뒷자리에 친구나 아우들을 태워준다. 함께 누리는 즐거움을 인지하게 된다. 멤버십의 혁신이 시작된다. 멤버십의 혁신은 이제 곧 리더십으로 전환되는 계기를 만나게 된다. 뒷자리에 타는 친구의 자세는 세발자전거를 이끄는 아이의 안전을 위협하기도 하며, 속도를 제한하기도 하며, 심한 경우에는 방향마저 잃게 할 수 있다.

세발자전거를 타면서 욕구를 확장하는 동안에 긍정적이거나 부정적인 결과를 경험한 아이는 뒷자리에 태울 친구를 구별하여 선택할 수 있고, 혹은 몇 가지 사항들을 주지시킬 수 있겠다. 아이가 다른 이의 세발자전거 뒷자리에 탈 때 지켜야 할 예절을 '협력'이라는 이름으로 쉽게 예측할 수 있다.

네발자전거. 두발자전거를 목표로 향하는 앞 단계에서 머리와 관절에 완벽하게 안전장치를 하고 자전거 타기에 대한 옳은 결정과 판단을 익힐 수 있는 경험을 가능하게 한다. 유모차와 달리 아이는 가고 싶은 곳을 향해 스스로 질주할 수 있다. 세발자전거와 달리 아이는 비틀거림과 같은 불안정성에 대해서는 감각으로 익히면서 직관력을 쌓아나갈 수 있다.

수많은 결정의 순간을 만나 아이는 경험을 바탕으로 소신껏 방향을 결정하고 적정속도를 유지하며 변화를 시도하는 즐거움을 만끽하며 에너지를 쓰고 힘을 기른다. 오르막을 오를 때는 힘들고 구슬땀이 맺힌다. 아이는 힘들지만 즐겁다.

네발자전거를 통한 훈련은 마치 아이의 세계에서 어른의 세계로 넘어가는 과도기를 극복하는 과정인 듯하다. 과도기의 경계는 그리 길지 않을 것이지만 힘은 들것이다. 그러나 이 경계를 넘는 자전거 세계의 과도기를 지나면 아이는 두발자전거를 마음껏 탈 수 있다.

두발자전거. 이제 경쟁의 세계가 시작된다. 네발자전거를 타면서 연마한 기술을 발휘하며 다른 수많은 두발자전거들과 함께 한다. 다양한 기능을 갖춘 두발자전거의 세계에서 아이는 강한 자도 만나고 약한 자도 만난다. 처음 만나는 오르막과 내리막에서도 힘 조절을 할 수 있다. 그러나 언제까지 두발자전거를 운전할 수 있는 것은 아니다.

특히 재주가 탁월한 이는 네발자전거나 두발자전거에 흥미를 못 느껴 더 어렵다 여겨지는 기술을 연마할 지 모른다. 독창적이며 자주적인 사람일 것이다. 그렇게 특별한 삶의 주인공들도 우리사회에서 함께 하는 멤버십을 발현해야 하는 것은 마땅한 일이다.

누구라도 세월이 흐르면 에너지 왕성한 멤버십을 구현하던 시대를 지나 다른 멤버들의 도움을 받아야 하는 시기를 맞이한다. 다시 처음 세상을 만날 때 사용했던 유모차를 이끌며 지나온 세상 위의 새 세상을 맞이하는 것이다.

멤버십은 자리를 채운다고 형성되는 것이 아니다. 우리가 처한 사회적 역할이 리더(leader), 펠로우(fellow) 및 팔로워(follower) 등 어느 것일지라도 충실한 멤버십 실천은 필수다.

리더 중 많은 이들이 특별한 리더십(leader-ship)을 욕심내면서 정작 리더십의 기본이 되는 멤버십(membership)을 간과하거나 무시하는 경향이 있다.

누구를 위한 리더십인가. 대학 교육의 장에서 학생들과 함께 강구하는 리더십에서 멤버십의 가치를 먼저 논하는 이유이다. 멤버십의 실천을 위한 혁신은 멤버를 위한 리더십을 발휘할 리더를 기대하기에 더 절실하다. 지금 함께 하는 어떤 멤버가 내일의 리더가 될지 모르니 더 그러하다.

대학 리더십 교육

대학에서 언제부터인가 교양강좌로 '리더십'이 출현했다. 출현배경은 인문학적 소양을 배양하기 위한 교과목 중 하나로 탄생하였으리라 짐작을 한다.

내가 소속되어 있는 환경공학과 신입생들은 교양필수 교과목으로 '리더십'을 수강해야 한다. 교양 교과목으로서의 리더십 강의에서는 무엇을 어떻게 전달해야하는가. 수없이 많은 고민을 하면서 여러 연구논문, 문헌자료 그리고 서적을 탐독하였다.

리더십에 대한 문헌은 양적으로 풍부하다. 그러나 일반의 조직사회가 아닌 대학신입생들과 함께 할 수 있는 체계적이면서도 실천적인 리더십 강의 자료는 찾기가 매우 어려운 현실이다.

여러 학자들이 제시하는 리더십 이론에 따르면 리더십은 크게 전통적 리더십과 현대적 리더십으로 구분된다. 전자는 특성행동이론, 행동이론 및 상황이론 등으로 세분화되고, 후자는 변혁적 리더십과 거래적 리더십으로 세분화 된다.

이 모든 리더십 이론들은 결과적으로 리더십은 개인적 특성, 사회 · 문화적 특성 및 핵심인력 등에 따라 변화하는 것으로 정리하고 있다.

리더십에 대한 정의는 매우 다양하지만 그 속에 포함되어 있는 주요 요소들은 조직의 목적을 달성하기 위해 필요한 성질을 대표하고 있다.

즉 목표지향성, 구성원간의 상호교류 및 영향력, 자발성 등을 요소로 하고 있다. 리더십의 정의에 따라 주요 요소들의 강조, 강화 및 확장 등으로 변화를 보인다. 이는 리더십이 불변의 신념이 아니며 조직의 형태와 구성원들의 특성에 따라 변화가능하여야 함을 의미한다고 생각한다.

나는 지방대학, 이공계열전공, 여성, 비고시 출신 공무원 등의 여건으로 인해 우리 사회의 비주류 구성원으로 스스로를 진단한다. 살아오는 동안 많은 리더를 만나왔다. 짧지만은 않은 28년 동안 겪어온 직접적 체험과 간접적 경험을 통해 리더다운 리더와 그렇지 못한 리더를 구별할 수 있게 되었다.

리더다운 리더는 리더역할에 이르기까지 팔로워십으로 기반을 충실히 다지고 펠로우십으로 성장하여 온 이들이었다. 이런 배경으로 인해 우리가 만나게 되는 리더들은 리더로서의 기간보다 그 이전 과정이 더 긴 것이 일반적이다. 리더들은 이 과정을 통해 구성원들을 이해하고 그들을 성장시키며 조직의 발전을 도모하는데 요구되는 리더십을 형성할 수 있었을 것으로 여겨진다.

리더십은 이론이 아니라 행동이다. 지식이 아니라 실천이 되어야 비로소 리더십이 발현된다. 결정과 판단이 행동으로 실천될 때야 비로소 리더십은 실체를 보인다. 그 전에는 단지 잠재력에 불과하다.

보통의 사람들에게 리더십은 어느 날 갑자기 생성되거나 하루아침에 완성되는 성질이 아니다. 그런데 대학에서는 이제 갓 스물이 된 청년들에게 꽤나 먼 미래의 모습인 '리더십'을 글로, 말로 전달하려 하는 것이다.

나아가 2학점, 상대평가를 하게 하는 '리더십'은 무엇으로 어떻게 그들의 리더십을 공정하면서도 공평하게 줄을 세울 수 있는가. '리더십' 강의를 하는 학기마다 감수하고 있는, 또 고민하고 있는 불편한 진실이다.

학내 담당 처장에게 '리더십'은 답안지로 채점하여 줄을 세울 수 있는 학문이 아니며 행동하는 리더십이 발현될 수 있도록 성장할 수 있는 기회를 제공하는 실천적 학문이니 제발 상대평가를 절대평가로 변경하도록 해 달라 간청했다. 이 간청에 대한 고민조차 그에게는 시간 낭비였는지, 담당 처장은 교육부에서 상대평가를 선호하니 어쩔 수 없다고 한 마디로 잘라 답하였다.

대학의 처장은 대학 본부에서 중요한 보직자로 대학 내 리더 중 한 사람이다. 배우는 이들의 발전과 대학의 번영을 위해 중요한 일들을 판단하고 결정하는 역할을 맡고 있는 처장이 교과목의 특성을 이해하려는 노력 없이 교육부의 선호대로 생각을 끊은 채 순종만 하고 있다.

찰나의 망설임도 없는 그의 무성의한 답변에서 그가 맡고 있는 역할에 대한 그의 몰이해만 확인한 꼴이 되었다. 리더십이 지식을 통해 전수할 수 있는 특징을 내포하고 있는 것으로 이해하고 있는 이라는 생각이 드니 그를 리더라 여길 수 없는 사태가 분명하다.

리더십 첫 강의시간.

나는 학생들에게 강의계획을 설명하고 상대평가

임을 알리고, 평가방법에 대해 학생들과 논의를 한다.

학생들은 리더십을 상대평가로 한다는 것에 놀라면서도 즉시 평가방법에 대해 의견들을 내놓는다. 객관식 · 주관식 시험, 에세이 시험 등. 수능의 기운이 채 가시지 않아서인지 경험과 체험보다 어떤 형태로든 책상에 앉아 시험을 보는 것이 가장 객관적이라고 하는 학생들이 많다. 여학생이 남학생보다 객관식 시험을 더 선호한다.

시험성적이 좋으면 리더십이 탁월한 인물인가. 아니오. 시험이 객관적이라던 학생들이 이구동성이다. 학점이 좋지 않아도, 수능의 등급이 낮아도, 가난해도, 리더가 되는 데에는 방해가 되지 않는다고 한다. 그들이 팔로워로 성장하고 펠로우로 성숙할 수 있다면 말이다. 물론 성장할 기회가 충분해야 하는 전제가 있긴 하다.

신입생으로 지금까지와 다른 낯선 사회에 발을 들이며 새로운 벗들과 시작하게 된다. 그러니 그들이 새롭게 만난 무리들 속에서 리더십을 제대로 발현하는 것은 쉬운 일이 아니다. 이들에게 리더십은 어떤 색으로 또 어떤 형태로 보이게 되는 것일까. 몹시 궁금하다. 그리고 기대도 된다.

이번 학기에도 첫 강의시간에 학생들과 함께 결정한 평가방법으로 객관식 · 주관식 시험과 에세이를 쓰게 하고 팀별과제를 수행하게 함으로써 그들의 리더십에 점수를 매기고 줄을 세웠다.

바라건대 절대평가를 할 수 있도록 처장이 노력해 주었으면 한다. 학생들의 리더십을 더 깊이 끌어내보고 싶다. 그들 중 누군가는 멀지 않은 미래에 우리사회를 이끌 리더가 될 것이라 믿으니까.

15주 동안 학생들에게 리더십을 발현할 기회가 공정하게 담보되는지, 공평성이 간과되지 않는지에 대해 온갖 신경을 곤두세우게 된다.

'리더십' 교과목 강의를 통해 나와 만나는 학생들에게 리더십 교육이 지식이 아닌 실천하는 행동으로 이어지도록 하고자 하는 마음이 간절하다.

대학, 교수자들의 일터

대학(大學, University)은 교수자와 수학자의 공동체로서 여러 가지 전문지식, 학문, 예술 부문에서 최고 수준의 고등교육과 연구를 담당하면서, 해당 분야의 각 과정을 수료한 자에게 여러 수준의 학위(학사, 석사 및 박사 학위)를 수여하는 기관이다.

그러므로 대학에서는 교수자(교직원)와 수학자(학생)가 고등교육과 연구를 통해 독립적이고 이상적인 결과와 성과를 얻을 수 있는 길에 대해 생각하고 행동해야 한다. 이로 인해 대학에서 활동하는 교직원과 학생들은 다른 사람들과 동등한 자유를 지니면서 각자의 목적(행복)을 달성 할 수 있을 것이라고 꿈꾸고, 이 꿈은 반드시 이루어지는 것이라 믿고 싶다.

대학은 인적자본과 사회자본을 구축하는데 적합한 투자처이다. 그래야만 한다. 우리가 추구하는 행복에는 구체적 · 추상적 득실이 함께 고려된다. 이를 위해 우리는 오랜 세월에 걸쳐 학습하고 체험하여 획득한 다양한 경험을 토대로 인적자본의 가치를 상승시키고자 노력한다.

우리나라에서는 학벌과 학력이 인적자본의 주요 지표로 사용되고 나아가 출신대학과 박사학위 수여 대학이 인적자본의 가치를 평가하는 결정적 역할을 한다.

우리가 무엇을 목적으로 하던지 그 목적을 성공적으로 이끌기 위해서는 다른 사람들의 자원을 잘 활용하여야 하는 필요성이 있으며 네트워크 형성을 통해 그 가능성은 높아진다.

온라인에서도 다양하고 주체적인 사회관계망이 수없이 많다. 그러나 다른 사람들의 자원에 접근하여 사회자본의 생산과 유지가 가능하면서 자신의 인지 범위를 벗어난 사회자본에 대해서도 그 유용성을 극대화하는 데 대학만한 곳이 없다는 것은 사실이다.

내가 대학에 입학한 1986년은 100개의 대학, 198,235명이 입학을 한 때였다(교육대학, 전문대학, 방송통신대학 등은 제외한 자료이며 이후에도 동일한 조건임). 그로부터 30년이 지난 2016년에는 189개의 대학, 348,393명의 신입생으로 증가한 상태이다. 실로 엄청난 양적 팽창이다.

국내 대학에서 배출되는 박사학위취득자는 2000년에 6,153명에서 매년 증가해 2016년 13,882명이다. 외국 박사학위 취득자는 그 수를 정확히 알 수 없고, 2006년에 국내에 신고를 한 외국박사학위 취득자는 1,320명이었다. 나도 외국박사학위 취득자이지만 국내외 학위간의 질적 수준에는 차이가 없다고 생각한다.

직장을 구하는 경쟁을 할 때에는 외국박사학위 취득자들에 대한 정보가 턱없이 부족해 경쟁자와의 비교우위를 파악하는데 어려움은 꽤 있다. 게다가 전공이 유사하면서 미처 자리를 잡지 못한 국내의 박사학위취득자들과도 겨루어야 하니 경쟁우위를 위해서는 운도 한 몫을 단단히 한다.

대학의 수가 증가하였으니 학내 구성원의 수도 함께 증가하였다. 1980년 대학의 교직원은 14,458인이었고 2016년 72,806인이니 500% 증가했다. 이렇듯 대학의 양적팽창으로 인해 증가해온 교직원 수와 학생 수는 지금의 상태를 예측 하지 않았을까.

이제 학생수가 급감하여 대학이 위기라고 한다. 교수들은 큰일이 난 듯 호들갑이다. 이 또한 예측가능한 일이지 않았는지.

교육정책에는 어떤 정치적 함의가 포함되어 있으며 이러한 정책을 좌지우지 한 이들은 또 누구인가. 진실이 알고 싶어졌다.

정책 결정권자들이 내세운 교육정책의 목표는

제대로 성장하고 성숙된 국민을 길러내는 데에 합당하였는가. 속 시원한 답을 누구에게 들을 수 없어, 그 과정을 풀어가고자 한다.

대학에는 두 부류의 대학인이 있다. 과거의 노력과 행운의 힘으로 대학을 직장으로 들어온 부류와 미래를 담보로 오늘을 고군분투하는 부류이다.

과거의 노력에는 점잖고 온건한 사람들이 할 수 있는 것 뿐 만 아니라 아첨꾼이 하는 일까지 모두 포함되지만, 그들을 구속할 자유를 박탈당하지 않기 위해 그들 대부분은 진실을 애써 부인하고 덮어두게 된다.

그들 중에는 대학의 구성원이 되면서부터 자신이 마땅히 주인이어야한다고 생각하고 있는 사람들이 많다. 대학의 주인은 교수라고 말하는 교수들을 만날 때마다 지금도 여전히 나는 화들짝 놀란다.

2013년 상반기 신임교수 임용 현황을 조사한 결과를 보면 이들이 가지는 생각이 이해가 되기도 한다. 교수신문에 따르면 2013년 임용이 확인된 102개 4년제 대학에서 1,083명을 새로 임용했다. 국내박사 63.1%, 미국박사 24.0%이다.

대학에 임용되기에 적합한 국내박사학위 취득자를 박사학위 취득 후 약 5년 정도의 박사 후 연구원 과정을 거친 100,000명 이상으로 볼 때, 이중 683명이 임용된다면 0.68%의 확률이다.

단순한 셈법에 의한 결과이지만 2013년에 교수로 임용된 이들은 천운이 따랐던 것이라고 본다. 그리고 임용 숫자에는 비정년트랙의 교직원이 많다는 사실을 고려하면 운이라는 것 역시 그야말로 대단한 것이라야 한다.

이러한 사실들을 객관적으로 살펴보노라면 국립대학, 정년트랙, 교직원으로 채용되어 국록을 받고 있는 나는, 나의 학벌(지방대)과 학력(일본, 비미국 박사학위)에 비해 너무나 과분한 자리에 있는 것이 분명하다.

과분한 것은 오래 짊어질 수 없다. 그래서 세상

에 내려놓는 방법을 강구하여 실행 중이다. 대부분의 행운아들은 행운의 여신이 자기의 편에 영원히 서리라고 착각하고 있는 듯하다. 이 착각은 그들이 대학의 주인행세를 하는데 어떠한 구애를 받지 않게 해주는 모양새다. 그러나 세상에 영원한 것은 없다. 아무리 좋은 것일지라도.

대학. 교수자들의 일터이다. 그러나 일터의 생기(生氣)는 대학생들의 활기 넘치는 에너지가 원천이다.

대학생들의 생기는 그들이 대학에서 꾸는 꿈들이 실제 이루어질 수 있도록 대학의 구성원들이 힘모아 응원 해줄 때 활기를 찾고, 생긴 그들의 꿈이 더 좋은 미래로의 수확가능한 해몽으로 이어질 때 에너지는 계속 생산될 것이다. 그래야 교수자들의 일터인 대학이 계속 존재하는 것은 자명한 일이다.

교수자들의 일터인 대학의 주인은 과연 누구일까. 누가 주인이어야 할까. 주인은 무엇을 어떻게 해야 할까. 생각에 생각이 더해진다.

대학, 꿈보다 해몽이 좋아야한다

2005년 4월, 대학에 조교수로 임용되어 축하와 충고를 해 주는 교수들을 많이 만났다. 이 중 "대학의 주인은 교수다"와 "교수보다 더 좋은 직업이 어디 있느냐"는 인사는 그야말로 충격이었다.

대학의 주인은 학생이라는 나의 가치관에 반하는 것이어서 왜 그렇게 생각하느냐고 물었다. 당시의 모 교수는 이렇게 대답했다. "학생은 4년이면 떠나는데, 교수는 그 이전과 그 이후에도 오래도록 남아 있으니 주인"이라고 그 이유를 분명히 밝혔다.

지방의 소규모 사립대학에서 우리대학으로 옮겨온 모 교수는 "정년보장 되고 재단눈치 안보는 국립대학이 얼마나 좋은 곳인지 느낄 것"이라고 자랑스럽게 충고를 해 주었다. 이런 생각을 가진 이들이 비단 이들 뿐이었으랴. 그 후 해가 쌓여 이제 15년의 해를 맞이한 오늘에 이르기까지 이와 같은 생각을 가진 이들이 대학에서 주류를 이루며 대학의 발전을 운운해왔다. 그러나 실제 대학이 나아진 것에 대한 증거를 찾기는 어렵다. 이들, 주인이 말한다. 늘 어렵다고. 앞으로 더 어려워질 것이라고.

2016년 최순실의 딸 정유라양을 위한 이화여대 입시비리에서도 나타났듯이 "학교의 주인은 교수"라는 의식은 건강하지 못한 욕구를 제어하기 어렵게 될 여지를 만든다.

대학의 진짜 주인은 학생이다. 주인인 학생들이 꿈꿀 수 있는 대학으로 만들도록 하는 약간의 권한을 교수에게 위임한 것뿐이다. 위임된 권한을 주권

(主權)으로 착각하는 그들은 그들에게 주어진 행운이 그들이 투자한 시간, 돈, 노력에 대한 응분의 대가에서 비롯된 마땅한 것이라 믿는다.

마침내 대학 주인에 대한 이러한 생각과 가치관들은 그들에게 주어지는 교직원으로서의 의무를 자신들의 욕구에 따라 기호에 따라 결정하고 그들 자신의 이익을 위해서만 움직이게 한다. 그들의 이익이 증가하는 데 따르는 손실은 오롯이 학생들의 몫이다.

대학에는 대학생이 활보하여야 한다. 활기찬 에너지가 캠퍼스 곳곳에 생기를 더하고, 삶의 온기를 더하고 나누는 문화의 주인공이 그들이어야 한다. 철들기 전부터 시작된 학습의 무게를 지식으로 다듬고, 지성인으로 성장하는 무대로 대학을 이용해야 한다.

객관적 인식의 결과물이 성적으로 표시되고, 이것이 줄을 세우는 대표기준이 되는 사실을 인정한다. 나는 고전적 의미로 대학을 지성의 전당이라고 하는 데에는 전적으로 동의하기 어렵지만, 대학에서는 지식의 습득을 넘어 지성을 함양해야 한다고 믿는다.

지성은 개인의 재능을 알리고 사용할 수 있는 기회를 포착할 수 있는 통찰력을 확보할 수 있는 지름길이다. 지성을 통해 획득한 통찰력은 사회 속에서 현재 자신의 위치, 역할 그리고 미래 자신의 모습을 꿈 꿀 수 있게 한다.

1997년 고등학생은 2,336,725명이었으며 이후 지속적으로 감소해서 2016년에는 1,752,457명으로 1997년 기준 75%에 불과하고 앞으로도 계속 감소될 전망이다.

반면 대학입학정원은 1997년 271,208명에서 2016년 348,393명으로 1997년 기준 118%로 증가하였다. 이에 따라 대학진학률은 1997년 36.3%에서 2016년 59.6%로 증가되었다. 전문대학과 사이버대학 등을 포함하면 실제 대학진학률은 이보다 더 높을 것이므로 바야흐로 대학진학은 대중화와 일반화가 된 상태이다.

대학인으로의 진입이 쉬워져서 그런지, 아니면

대학에 거는 기대가 크지 않은 것이 요즘 청년들의 경향인지 정확히 알 수는 없으나 대학-사회에 미치는 대학생들의 에너지가 충만하지 않음을 실감한다.

대학의 수가 증가하여 대학인이 될 기회가 생겨 대학인으로 지성을 함양하는 과정을 인생에 들일 수 있는 대학생들은 전문가답게 판단하고 결정할 수 있는 지적인 행동의 주체자로, 민주시민이 될 것이다.

비록 대학진학이 열려있는 대학문으로 들어오기가 쉽거나 들어오지 않는 일을 감당하기 어려워 선택 아닌 선택을 했다하더라도 이 또한 현대사회를 받아들이는 지혜라고 말하고 싶다. 이런 지혜를 가진 대학생들이 어떤 꿈을 가졌던, 또는 꿈을 준비 중이든 개의치 않고 해몽을 더 잘하기를 바란다.

대학은 권위에 의지하지 않고 진보를 촉진하며 공정해야 하고 꿈보다 해몽이 더 좋아야 하는 곳이어야 하니 말이다.

지적성실성을 무기로 살아가는 많은 대학인들은 어떤 직업에 종사하며 살아가기를 원하는가. 지식의 창고를 채우고, 채워진 그것으로 어떤 삶을 꾸려가기 원하는가.

세상에 소용되는 흔적을 남기고 싶은가. 이것은 궁극적인 삶의 목표를 향해 발을 떼기 전에 나 자신에게도 늘 던지는 간단한 물음인데 답을 구하기가 쉽지 않다.

사람들은 제각기 다른 목표와 목적을 갖고 살아가며, 이에 따르는 원칙들은 다양성으로 치부하기에는 그 범위가 너무나 넓다. 미래를 예측하는 일은 거의 불가능하다.

그럼에도 대학에서 학생으로서의 삶은 교육을 통해 인적자본의 가치를 상승시키는 원동력이 되고, 다른 사람들과의 교우는 사회자본을 마련하고 이를 잘 활용할 수 있는 기회가 되리라 믿는다. 이 과정들은 세상에 좋은 일을 할 수단으로서의 자신과 환경을 스스로 개척하게 하는 즐거움 자체이기도 하다.

스스로 배우고 익힌 것이 나 아닌 누군가의 삶에, 사회의 어느 구석에서라도 힘이 될 때의 기쁨은 말로 표현 할 길이 없음은 물론이거니와 글로도 전할 수 없을 정도의 행복이다. 이 행복은 꿈 보다 해몽이 좋을 때 자신에게 찾아온다.

대학의 주인이 교수라는 생각을 지닌 교수자들의 꿈은 헛꿈이라 해몽을 할 수도 없다. 해몽이 불가능한 꿈을 꾸는 이들은 진정한 대학인이 아니라고 감히 말하고 싶다.

대학은 꿈보다 해몽이 좋은 꿈을 꾸는 사람들이 주인이어야 한다. 좋은 꿈을 자양분으로 해몽으로 열매 맺게 지원하는 대학이야말로 진짜 대학이다.

기울기, 가능성의 다른 이름

$y = ax \pm b$. 일차방정식. a는 기울기.

기울기 a는 x에 따라 변화하며 y를 결정한다. 보통의 삶에서 노력하는 x에 의해 얻어지는 y는 노력하는 과정에서 열정과 끈기를 기울기 a로 보여준다. 결과가 노력에 항상 순반응 하는 것은 아니지만 어떠한 노력 없이 얻어지는 결과를 기대하기는 어렵다.

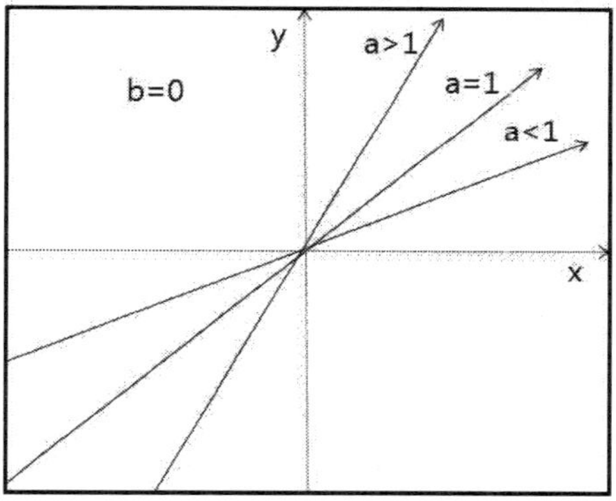

< y = ax ± b. b = 0 >

기울기 a는 투자되는 노력에 따라 그 크기가 변화하는데 성과를 가늠하게 하는 누군가의 가능성을 보여준다.

가능성은 인간이 갖는 자연적 의무를 넘어 자발적으로 스스로에게 책임을 물어가며 쌓아가는 동안 축적된 노력으로 재탄생되는 결과다. 그래서 가능성은 개인의 힘이 길러지고 노력이 계속되는 동안 성장을 멈추지 않는다. 마침내 가능성은 자유로운 선택을 통해 진정한 자유를 얻고 미래에 대한 희망을 품을 수 있게 한다.

기울기는 자발성에 의존하는 것이면서 동시에 자발성의 능력에도 영향을 받는다. 그래서 나는 선택의 자유로 스스로에게 책임을 지우는 동기인 기울기를 가능성의 다른 이름이라 부른다.

기울기는 생각만으로 생산할 수 없으며 반드시 행동으로 실천되어야 나타나는 성질을 갖는다. 기울기가 양의 방향으로 증가하는 것은 그 크기가 비록 작다하더라도 성장을 의미한다.

성장은 생애에서 여러 형태로 나타나게 된다. 여러 형태의 성장은 단순히 비교하여 그 가치와 크기를 판단할 수 없는 성질이다. 기울기가 가능성의 다른 이름인 것을 떠올리면, 가능성은 성장으로 이어지는 근원이자 결과이기도 하다. 그래서 성장은 상대성보다 절대성을 내포하게 된다.

실현되지 않는 가능성에 호소하는 것은 성장으로 이끌 노력을 하지 않으면서 기울기를 생산하고자 하는 사기에 지나지 않는다. 기울기는 열정이 계속되는 노력으로 끈기를 유지할 수 있을 때 비로소 제 가치를 발생하는 것이다. 너와의 비교를 통한 성장이 아니라 나와의 약속에 성실히 이행하는 것으로 성장의 척도를 삼아야 하는 이유이다.

내가 뭘 하겠어요. 학생들과의 면담에서 체념의 말이 가슴을 파고든다. 그러면 나는 일차방정식을 그려서 보여준다. 너는 기울기가 얼마나 될까?

대부분의 학생들은 답을 금방 내어놓지 못한다. 그저 수능점수로만, 내신점수로만 그들의 가능성이 평가되어 왔고 대학에 와서도 학점과 주요 스펙으로만 평가받아 온 그들로서는 이게 뭔 소린가 싶었을 것이다.

y절편 b가 0으로 출발선이 모두 같아 시작점 x가 0일 때 결과로 얻어지는 y 역시 0으로 동등한 환경을 생각하면 좋겠다.

물론 실제 환경에서는 그렇지 않지만 일단 이렇

게 가정해보자. x의 증가에 따라 y도 증가한다. 이때 기울기 a는 $\triangle y/\triangle x$로 정의되며 누구나 일정의 값을 얻을 수 있다.

어차피 인생은 마지막 날까지 흘러가는 과정을 멈출 수 없으니 x는 언제 어디서나 변화를 거치기 마련이다($\triangle x \neq 0$). 이에 따라 비록 y의 값이 전과 같이 그대로이든($\triangle y=0$), 증가하든 기울기는 특정의 값으로 정리된다.

기울기의 크기와 지속성이 다를 뿐이다. 값이 큰 기울기는 자신감을 상승시키고 자신감은 풍요로운 삶의 무대를 체험하게 한다. 풍요로움은 다양하고 다채로운 세상을 의미한다. 또 낮은 기울기는 우리를 우울의 세계로 이끌기도 하고 자존감을 상실하게도 하며 세상을 원망하게도 한다.

칼 포퍼(Karl Raimund Popper, 오스트리아, 철학자, 1902-1994)가 '삶은 문제해결의 연속이다'라고 지적했듯이 문제를 해결하는 과정에서 얻어지는 결과들이 달라지면 기울기는 변화를 갖게 된다. 즉

시간이 지나는 동안 노력이 수반되면서 기울기는 변화를 하는 성질이 있다.

그러면 기울기에 영향을 미치고 노력으로 유도하는 힘은 무엇인가. 일찍이 프랜시스 베이컨(Francis Bacon, 영국, 철학자, 1561-1626)은 아는 것이 힘이라고 했고, 최고의 증거는 단연 경험으로 꼽았다. 베이컨에 의하면 과학적 지식을 추구하는 데 방해가 되는 네 가지를 '정신의 우상(idols of the mind)'로 나타내었다. 이 중 사회적 관습이 자기의 경험을 왜곡하도록 내버려 두는 성향을 '시장의 우상'으로 나타내었다.

학점에 매인 대학생활. 단조롭다. 베이컨이 말한 시장 즉 우리사회에서 요구하는 일련의 잣대들로 인해 학생들이 경험했거나 경험하고자 하는 것들이 왜곡되거나 무시되어 기울기에 실리지 못하는 것은 아닐까. 수많은 학생들을 일렬로 줄 세우는 상대적 평가로 인해 절대적 가치인 그들의 가능성이 묻혀버리는 것은 아닐까.

나는 기울기의 증대에 큰 힘이 되는 경험을 중히 여긴다. 경험은 자신의 강점, 장점, 약점 그리고 단점을 잘 파악할 수 있도록 한다.

기울기는 노력자체 뿐 만 아니라 노력하는 능력도 함께 녹아있는 표현이다. 노력하는 능력도 노력해야 계속 발현될 수 있음은 말하지 않아도 이해하리라. 그래서 스스로 기울기의 가치를 받아들여 성장하는 과정을 거친 개인들이 그렇지 않은 개인들보다 다른 이들의 기울기에 더 깊은 관심을 가질 것이라 기대하는 것은 지나친 긍정적 생각일지 모른다.

혹 지나치게 긍정에 기운 생각이라 하더라도 자신의 노력으로 가능성을 실현하는 이들이 다른 이들의 노력을 인정하는 사회, 현재의 기울기 값 뿐 만 아니라 변화하여 더 크게 생산될 미래의 기울기 값에 인색하지 않은 사회를 기대한다.

나는 이런 사회의 구성원으로 나, 너 그리고 우리가 되어 건강한 사회를 이룰 수 있는데 보탬이 되고자 한다. 그래서 서로에게 힘이 되는 기울기의 성장을 도모할 수 있는 '리더십'을 강의하고자 노력한다.

어렵다. 그래도 계속하는 이유는 기울기가 우리 학생들이 지닌 가능성의 또 다른 이름이어서이다.

y절편, 비선택적 환경

y = ax ± b. 일차방정식. b는 y절편.

y절편 b는 x에 영향을 받지 않는 성질로 x=0인 원점부터 y를 결정한다. 앞서 노력의 결과로 결정되는 기울기 a를 무색하게 할 정도로 큰 값을 지니는 y절편 b도 있고 갖은 노력을 해도 보통의 삶을 살기 어려운 음의 값을 지닌 y절편 b도 있다. 보통의 삶에서 y절편 b=0이라 생각해보자.

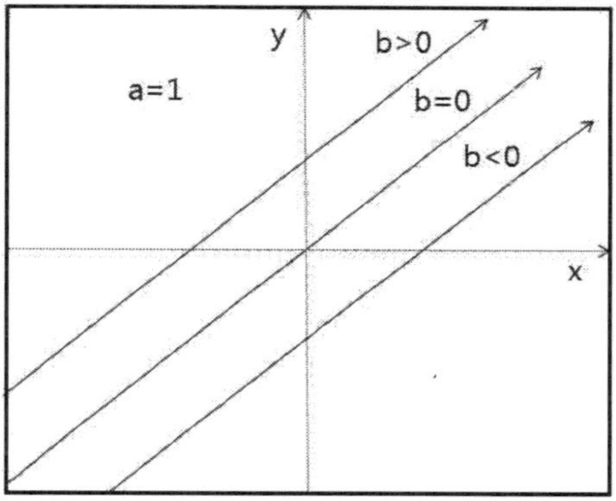

< y = ax ± b. a = 1 >

단순한 일차방정식으로 우리의 인생의 가치를 논할 수 없고 더욱이 그 험한 삶의 과정을 표현하는 것은 참으로 어처구니없거나 가당치도 않은 일 일 수 있겠다.

나는 어쩌다 y절편 b를 리더십 형성의 주요요소로 가치를 두고 강의를 하는가. 우리의 생에서 스스로 선택할 수 없는 이 y절편 b가 리더십 발현에 영향을 미친다고 판단하는 근거는 무엇인가. 나의 개인적 처지와 직업적 특성이 혼재되어 경험으로 터득한 여러 상황이 배경으로 작용했을 것이다.

1981년, 중학교 2학년일 때. 내 짝궁과 몇몇의 반 친구들은 과외수업시간에 제출할 숙제들을 해결하느라 국 · 영 · 수 수업시간 이외의 학교수업시간에 매우 바빴다. 그녀들은 은밀할 필요조차 없이 주거니 받거니 과외 숙제를 했다. 평소 큰 관심 없이 지나쳤던 나였지만 그녀들이 어떤 숙제를 하는지 궁금했던 것은 사실이었다. 어느 날인가 짝꿍에게 전달해달라고 부탁받은 과외용 자료를 보게 되었다. 그녀들끼리 공유하던 교내 시험 준비용 과외자료였다. A4용지에 인쇄되어 있는 상태로 눈을 감지 않고서는 외면할 수 없는 상황이었으니 일부러 본 것은 아니었다고 기억한다. 그 날은 그냥 지나갔다.

하복을 입은 시기(나는 교복세대이다)였으니 아마도 중간시험이었으리라. 국어시험문제에 내가 며칠 전 슬쩍 본 문제가 나왔다. 나는 그 문제를 맞히지 못했다. 그녀들 중 한 둘도 그 문제를 틀렸는지 시험치고 난 후 재생된 기억에 그녀들은 틀린 사실에 억울해하기까지 했다.

이 사건은 나에게 사회에 관심을 갖게 하는 계기가 되었다. 사회 여러 면 중에서 부모의 경제력과 학업성적, 멤버십의 가치에 대한 관심이 시작된 것이다. 물론 그 시절에는 이런 언어로 표현하지 못 하였다. 그러나 청소년기의 나에게 사적발전과 사회 번영에 대해 사고하는 몇몇 능력을 기르는데 영향을 끼친 것은 사실이다.

첫째, 그 문제를 보고서 나는 왜 확인을 하지 않았는가 하는 반성이 있었다. 게으른 자신을 탓했다. 부족한 자신을 발전시키는 가장 큰 힘은 부지런함이고 이것은 부단한 노력을 통해서만 유지될 수 있음을 확인하는 데 큰 영향을 끼쳤다.

둘째, 짐작뿐이지만 과외를 받았던 그녀들은 가정형편이 넉넉했던 모양이다. 대부분의 반 친구들이 과외수업을 받지 않았던 시대적 배경을 두고 보면, 그녀들은 부모의 경제적 지원 뿐 만 아니라 교육을 중시여기는 문화적 환경을 자본으로 가졌을 것이라 추측할 수 있다. 그녀들이 자신들 이외의 우리 반 친구들을 위해 자료를 공유할 수는 없었을까. 그러면 참 좋았겠다는 생각을 많이 했던 사춘기를 보냈다. 그녀들이 우리 반이라는 작은 사회의 번영에 기여하기를 바라는 것은 그저 욕심에 지나지 않는 희망일 뿐임을 확인하는 것으로 끝이 났다.

셋째, 리더십. 그 기본은 멤버십이다. 멤버십의 가치를 외면하고서 리더십을 말할 수 없다고 믿는다. 구성원들 모두 각자 자신의 이해관계를 반영하며 사는 사회이지만, 스스로가 자발적으로 선택할 수 없는 환경에 대해서는 상대적으로 높은 y절편 b를 가진 이들이 그렇지 않은 이들의 소외가 만연해지지 않도록 지혜를 발휘하면서 경쟁하는 방법을 찾아야 하지 않을까.

리더십. 이것은 b>0인 이들이 과외수업으로 학업성취도 향상과 같은 자신의 사적 발전을 위한 원리가 b≤0인 다른 사람들에게도 같은 원리로 적용되어야 마땅하다는 판단이 가능한 사람만이 지닐 수 있는 특별한 마음이다. 개인의 성취로 표현 가능한 사적발전을 넘어 우리가 스스로 만들어 가는 사회의 번영으로 가는 길에 이런 특별한 마음이 가득한 리더십이 절실하다.

무한의 경쟁 속에서 치열하게 살아가야하는 우리가 비선택적 환경으로 인해 발생하는 y절편 b의 차이를 인정하면서도 이 차이에 의해 생길 수 있는 차별이 없는 사회를 위해 요구되는 것, 리더십이다.

나는 너를 위해, 우리를 위해 무엇을 어떻게 해야 하는가.

공적 이성, 사적 감성

y = ax ± b. 일차방정식. a는 기울기, b는 y절편. 기울기 a는 x영향을 직접적으로 받는 성질로 노력의 결과로 인정되는 근면의 자산이며, y절편 b는 선택 없이 받아들여야 하는 자산이다.

좀 더 적극적으로 이 둘을 구분하자면 이러하다. 기울기 a의 증가는 성취감을 느끼게 하며 절대적 행복으로 연결된다. 내일에 거는 기대는 개천에서 용이 되는 꿈에 대해 끊임없이 노력하게 하고 때로는 대기만성을 기다려준다. 이러한 생의 긴 과정을 삶이 주는 기회라 여기기에 들인 노력에 비례하여 a가 증가하지 않거나 굴곡이 많아 안정적이지 못하더라도 "할 수 있다"를 하게 하는 긍정의 힘이다. 이와 같이 긍정의 사적 감성으로 공적 기여의 방법을 이성적으로 찾을 수 있다.

y절편 b는 기울기 a와는 달리 상대적 우월감을 통해 행복지수를 높이는데 기여한다. 즉 상대적 행복감이므로 진정한 행복이 아니라고 말하는 이들이 많지만, 사실 높은 b의 위치에 있는 이들은 이를 타고난 자산이라 여기며 자신들을 과시한다. 게다가 상대적으로 낮은 b의 위치에 있는 이들은 높은 b의 위치에 있는 이들을 부러워하는 것 또한 현실이다.

갑의 횡포. 가진 자들의 공적 이성 마비로 인해 발생하는 건강하지 못한 행위들을 대할 때 우리는 b값을 제대로 하라고 목소리를 높인다. 이는 우리가 이해하고 받아들일 수 있는 문화적 통용범위를 넘어서는 행위를 그들이 스스로 선택한 결과에 대한 책임을 묻는 것이다.

갑의 횡포는 폭력, 금력, 권력을 힘으로 비롯된다. 금력은 폭력과 권력을 마음대로 살 수 있는 힘이다. 권력은 또 폭력과 금력이 모여드는 구조적 힘이다. 이와 같이 갑의 횡포를 일삼는 이들은 b의 값이 아무리 높은 인생을 살더라도 리더십이 부재한 이들이다. 그들이 리더의 자리에 있어서도 안 되지만 그것을 못 본체 하는 것 역시 건강한 것은 아니다.

맞아 쓰러져도 대들지 못하는 을들에게 을스러움을 묻지 마라. 본디 '을스러움'이란 갑의 횡포가 없이는 존재자체가 불가능한 것이니까.

사적 감성을 무디게 만드는 y절편 b는 상대성을 지닌 소유가치로 y를 결정하여 다양하고도 절대적인 x들이 지니는 공적 이성을 이해하는데 공백을 발생시킨다. 즉 자신의 노력과 관계없이 얻은 것을 온전한 자신의 것으로 판단하는 이기적 감성으로 인해 타인을 도우며 정의로운 사회를 위해 책임 있는 선택을 해야 하는 공적 이성을 상실하게 한다.

사적 감성은 리더십 형성에 매우 중요하다. 스스로의 충만한 삶을 통해 풍부한 감성을 경험하기에 그러하다. 풍부한 감성은 다른 이와의 소통을 다각화하고 몰입하는 관계로 이어지게 한다. 그래서 사적 감성은 자신 뿐 만 아니라 다른 사람의 감성도 풍부하게 받아들이는 힘이 된다.

앞서 기울기를 노력에 의한 결과라 했다. 그리고 가능성의 다른 이름이라 여긴다 했다. 나의 가능성처럼 다른 이의 가능성을 인정하는 능력이 사적 감성에 포함되어 있어야 한다.

공적 이성은 리더십 형성에 없어서는 안 될 덕성으로 자기중심적인 지배력에 맞서는 스스로의 도덕적 의지이다. 공적 이성은 자신의 욕구에 의해 주장하고 싶은 것을 참아내는 힘이다.

욕구에 의해 생기는 내적 갈등은 늘 있기 마련이다. 이를 해결하기 위한 최적의 방법을 제시할 수는 없으나 의식적인 저항은 계속되어야 한다. 이를 가능하게 하는 것이 공적 이성이다.

그러므로 공적 이성은 방심하는 순간에 무심코 드러날 수 있는 어떠한 것에 대해서도 자기 배반을 하지 않을 정도의 진실성이 있을 때에야 발휘될 수 있다.

리더십의 정의. 어떤 이는 리더십이 재능이 아니라 스킬이라고도 한다. 그러고 보면 누군가 리더십이 재능이라고 하였나보다. 리더십의 한 형태인 카리스마가 만들어 지는 것이라고 기술한 책도 있다.

리더십. 나는 리더십에 대해 이렇게 정의하려한다. 많은 이들이 혼돈하여 사용하기도 하는데 과거의 현실을 반영하는 통상적 관리력과 리더십은 분명히 다르다. 리더십은 개인의 감성을 풍부하게 쌓아오는 팔로워 과정을 충실히 거쳐 구성원들과 함께 할 수 있는 공감능력(멤버십)을 기본으로 해야 하며, 사적 발전이 사회의 번영으로 이어질 수 있는 의사결정과 판단이 공적 이성에 반영되어야 한다.

미래 좋은 사회. 내일이 아닌 오늘의 일로 의사

결정하며 행동을 하는 오늘을 만드는 것이 바로 미래라는 피터 드러커(Peter F. Drucker, 오스트리아, 경제학자, 1909-2005)의 말처럼 미래 행복을 위해 오늘 판단하고 결정하는 것이 가능한 리더십을 갖춘 리더로 성장하는데 도움 주는 일이 나의 소명이길 소망한다. 나와 만나는 청춘들에게.

364일 모두 당신의 날들

2017년 5월의 달력은 참 복잡하다. 1일 첫 월요일부터 근로자들이 쉴 수 있는 근로자의 날이었다. 하루 출근하고 3일은 부처님오신날로 공휴일, 5일은 어린이날, 8일은 어버이날, 15일은 스승의 날이었으며 21일은 부부의 날이다.

5월처럼 무슨 날에 또 무슨 날로 달력이 채워진다면 이 세상에 축복받지 않을 이 누가 있겠나 싶을 정도다. 이렇게 무슨 날, 무슨 날이 많은 5월은 축하하고 감사드릴 일들이 많아 주머니가 쉬이 비게 되는 달이기도 하다. 주머니가 비어 있어도, 하고 싶은 일을 하는 형편이 못 되어도, 나 아닌 누군가를 위하고 축하하는 것으로도 행복해질 수 있는 마음만은 진정한 자신의 몫이어야겠다.

이번 5월은 때아닌 대통령선거일까지 생겨 빨간날이 하루 더 늘었다. 황금연휴로 즐길 수 있는 이들에겐 그야말로 생애 선물이지 않았을까 싶다. 나는 근로자의 날에 영향을 받지 않는 일꾼이다. 그래서 1·2·4일 모두 평소와 같이 출근해 할 일을 했고, 부처님 덕분에 밀린 원고도 쓸 수 있어 감사했고, 어린이 날에 사전투표를 했다. 어버이날은 감사의 마음을 담아 안녕을 여쭙는 것으로 하고 여느 때와 같이 일을 했다.

그러고 보니 갑자기 휴일이 돼버린 9일 대통령 선거일에는 그간 쌓였던 집안 일들을 하고 자유 시간을 가졌다. 온전히 하루 전부를 가사노동과 약간의 자유로운 여유로 사용할 수 있었던 날이, 그토록 온 나라를 어지럽히고 뒤흔들었던 결과로 얻은 조기 대통령선거일이었다니 왠지 씁쓸했다. 덕분에 대청소를 할 수 있어 씁쓸한 마음을 쓸어낼 수 있었다는 합리화과정을 거치며 냉정을 되찾아야만 했다.

15일은 스승의 날이었다. 스승의 날은 1963년 '은사의 날'로 시작, 이듬해 '스승의 날'로 바뀌었다. 1965년부터 스승의 날은 세종대왕의 탄신일인 15일로 바뀌었다고 한다. 그러니 부처님오신날처럼 스승의 날은 세종대왕님이 오신 날이다. 우리나라 사람 누구나가 존경하고 좋아하는 세종대왕님 오신 날에 함께하는 것만으로도 기분이 좋다.

이번 스승의 날에도 어김없이 우리 학과 학부생들은 수업을 마친 6시에 교수들을 초대했다. 그리고 150명이 채 안 되는 전원이 '스승의 날 노래'를 불러주었다.

매년 약간씩의 변화를 느꼈지만 올해는 상당히

다름을 알아버렸다. 존경심에서 우러나오는 경건함이 없어지고 앉아서 키득대며 낄낄대고 가사도 틀리게 대충 부른다. 그 앞에 마주하고 앉아 있기가 얼마나 힘이 들었는지 모른다.

더 솔직하게 말하자면 '스승의 날 노래'에서처럼 그들은 하늘같은 스승의 은혜를 받은 이들도 아니며, 그들 앞의 스승은 앞으로 그들이 우러러볼 대상이 아닐 수도 있다. 설령 그들이 스승을 우러러본다고 하더라도 은혜가 높아질 가능성도 거의 없다. 그래도 하지 않으면 안 될 의무감을 느끼는지 노래로 마무리해 주었다. 이마저도 감사해야 할 일인가 싶어 다시 한 번 5월의 씁쓸함을 체험했다.

스승의 자리에서 한 말씀씩 하라고 해 나도 마이크를 잡았다.

"여러분, 오늘 스승의 날이네요. 여러분은 일년에 한 번 스승의 날로 사시죠?" 했더니 이구동성으로 "예"라고 했다. "그런데 나는 오늘 하루만 빼고, 364일 제자의 날로 삽니다"라고 했더니 150여명의 제자들은 눈만 깜빡이고 아무런 반응이 없었다.

여러 날이 오고 가지만, 청춘들의 일상은 다시 사고 싶어도 살 수 없는 귀한 시간이라는 것은 그 시간을 지나온 사람들은 모두 아는 공공연한 비밀이다. 제자들이 그들의 삶을 위해 지식을 쌓고 기술을 축적하는 동안 우연히 경험하게 되는 그 어떤 것들도 그들을 위한 것이 된다고 말해주고 싶었다. 내 말뜻을 알아채기는 쉽지 않았다 하더라도 그들, 우리 제자들의 날이 아닌 때는 없다. 청춘들 앞의 모든 시간은 온전히 그들의 자산이니까 말이다. 틀린 노랫말조차 부끄러워하지 않더라도 그들은 나의 제자들이다. 그래서 364일 제자들을 사랑한다.

※ 영남일보 기고(2017.05.18.)

다시 그려야 할 대학혁신

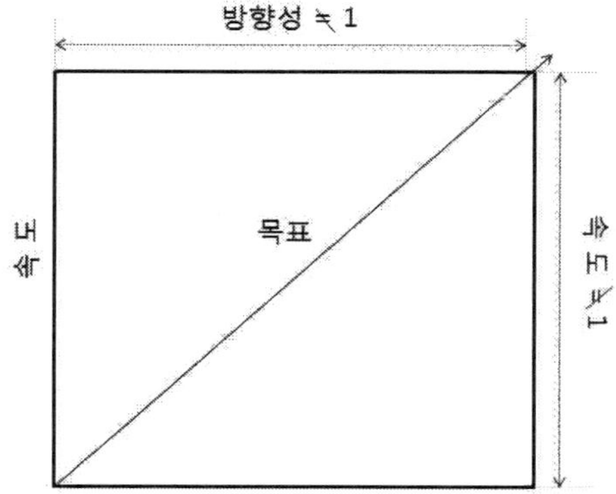

혁신은 방향성과 속도를 축으로 한다. 대학도 혁신에서 자유롭지 못하다. 옳은 방향과 최고의 속도는 대학이 혁신에서 목표를 향해 분명히 해야 하는 결정인자이다.

방향성. 혁신의 최고 주요 인자이므로 이를 잘 설정하는 것은 대학에서 혁신의 중심에 서 있기를 자처한 총장의 의무이다. 전진하는 방향의 끝에는 총장의 임기가 기다리고 있다.

속도. 설정한 방향의 끝에 있는 궁극의 목표로 전진할 수 있는 동력이다. 대학의 총장과 그를 도와 함께 할 지도부의 총동력이라 볼 수 있겠다. 대학 구성원의 기질, 특성 등의 내면적 동기와 외부 영향에 의해서 속도를 결정해야 한다. 속도는 결정되는 것이 아니라 결정하는 것이다. 급진적일 때에도 미온적일 때에도 목표와는 거리를 만들게 된다.

혁신에서 적정한 속도란 존재하지 않는다. 설정한 방향성이 옳은 것이라면 낼 수 있는 최고의 속도로 나아가야 하는 것이다. 그리고 얻어낸 결과에 따라 구성원들이 속도의 적절성을 평가한다. 그러므로 속도는 혁신 전에 결정하기 어렵고, 혁신 중에 평가하기 참 어렵다.

최근 들어 화두인 '제4차 산업혁명'을 처음 접한 것은 2011년 자본주의(로버트 L. 하일브로너 등, 홍기빈 역, 미지북스)에서이다. 책 자본즈의에서는 제4차 산업혁명은 디지털 혁명으로 대표할 수 있으며 투자와 노동, 생산, 소비에 가져온 효과들에 초점을 맞춘 경제분야를 다루었다.

대학의 혁신을 다루면서 제4차 산업혁명은 빼놓을 수 없는 형국이 되어 버렸다. 그러나 나는 제4차 산업혁명이 지금까지의 삶과는 완전히 다른 새로운 것과 같은 이미지로 다루는 많은 사람들과 생각을 좀 달리한다.

살아오는 동안 나는 엑셀을 처음 사용하였던 1995년 4월과 첫 이멜 계정을 만들었던 1998년 10월을 잊지 못한다. 내 인생에서 혁명이 일어났던 날들이다. 기존에 해 왔던 아날로그방식에서 디지털로 가는 터널을 만나 통과한 날이기도 하다.

그렇다. 제4차 산업혁명은 제2차 산업형인 제조업에 제3차 산업형인 서비스업이 세련되게 얽혀있는 산업형이라고 생각한다. 제조업에 사용하는 기술이 발전을 하게 하려면 과학과 공학의 기초를 탄탄히 해야 한다. 다각화 된 양방향 소통으로 교육이 이루어져야 하는 이유다.

물론 변화의 속도를 예측하기 어려운 시대이므로 기성세대가 득실거리는 '대학'이라는 공동체에서면 장래를 담보로 디지털화 하기가 쉽지 않다. 그렇다면 대학에 몸담고 있는 교수들은 그들의 일터에서 어떤 형태로 공헌해야 하는 것일까. 공헌은 목표를 이루었을 때 결과로 나타난다.

잘 가르치는 대학으로 거듭나야한다고 한다. 하지만 잘 가르친다는 정의는 변화를 하지 못한 채 15년전 그대로이다(대학 근무 15년임). 학령인구 감소로 행여 입학정원을 채우지 못할까 안절부절 하면서도 정작 교수들 스스로 희생을 할 마음은 1도 없는 듯하다. 답답하다. 공헌과는 거리가 멀어질 뿐이다.

방향성과 속도를 조정하고 결정해야 혁신이 가능하다. 그래서 이제껏 수행하다 실패한 것들을(물론 그들은 실패라 하지 않는다. 최선을 다했다라고만 말한다. 물론 이것은 책임지지 않는 표현에 불과하다) 과감히 버리고 목표, 방향성, 속도를 점검하고 다시 그려야 한다. 다시 그린 대학혁신이 성공해야 사회에서 필요한 대학으로 지속될 수 있다.

다시 그려야 할 혁신의 내용은 여러 가지인데 그 중 바로 실천 가능한 제안을 한다.

지역사회로의 공헌을 목표로 지역의 우수인재 양성을 목적으로 한다. 이를 위해 지역의 어려운 환경의 고교생들 중 대학에 입학부터 졸업까지 경제적 부담 없이 학업에 몰입할 수 있도록 하는 방향성을 결정한다. 이에 대한 재정확보는 대학의 리더들이 임금형 수당을 받지 않음으로 당장 실시할 수 있을 정도의 속도를 낼 수 있다.

공직자가 일하면서 보직수당을 받는 것은 잘못된 관행이다. 일하는데 필요한 경비는 당연히 사용해야 하는 것이지만 보직수당은 이미 급여를 받는 공직자가 받아서는 안 되는 몫이다.

교육부의 제도가 혁신을 할 수 없어도 대학에서 한 마음으로 이끌어 내는 데 지도부만 합의하면 가능한 일이다. 어렵지 않다. 불가능은 존재하지 않는다. 이렇게 재정을 확보한 후 지역의 인재를 찾고 그들이 대학 생활 중 학업에 충실하고 미래를 꿈꾸는 인물로 사회에 진출해 멀지 않은 미래에 리더로 활약할 수 있는 로드맵이 필요하다.

어렵다 말만 하지 말고 난관을 해결할 경험적이고 실천적인 방법을 찾아 실행하는 것이 대학혁신이다. 거점 대학이 아닌 지방국립대학에서도 할 수 있는 가장 간단하고 현실적이며 지역 공동체로서 구체적 실행이 가능한 혁신의 결과로 이어질 수 있다. 다시 그려야 한다, 대학혁신을 진심으로 원한다면.

사회의 장

#사람이 먼저다

#미투. 뻔뻔스러움의 표현방법은 다르지만 90년대 초의 시절에도 상사의 추태는 질편하면서도 만연해 있었다. 성추행과 성희롱은 범하는 이의 추태정도로만 이해하기를 강요받음은 온전히 당하는 이의 몫이었고, 주변에서는 술이 원수라고 하였다.

미투의 가해가 알콜에 의한 것이라는 인식이 지배적이었으므로 정색을 하며 대응하는 이들은 별난 사람으로 분류되어 사회 적응력을 의심받게 되는 세월이 참 길었다. 자율성이 없었다고 하거나 술로 인해 자율성을 잃어 생긴 일이니 도덕적 책임도 묻지 못하고 내내 꾹꾹 눌러야만 했던 기성세대의 거칠고 이기적인 갑질에 을도 아닌 병과 정들이 소리를 내고 있다.

나는 미안해 할 줄 모르는 미투 가해자들을 어른이라 하지 않고 기성세대라고 부른다.

사회구성원으로서의 도덕적 자질을 함양하고 개인의 발전과 사회의 번영을 동시에 만족할 수 있는 기회는 고등교육의 급속한 성장으로 체계화 된 듯 보인다. 그래서 추태가 사라지고 폭력이 힘을 죽여 같은 사람으로 살 수 있으리라 기대가 컸다. 급격한 고등교육의 양적 성장은 예측하지 못한 부정적 결과를 낳기도 하면서 버릇없는 젊은이가 그 대표사례라고 기성세대들은 입을 모은다.

그러나 이는 젊은이들이 기성세대가 이해하지 못하는 또는 이해하려고 하지 않는 보다 자유로운 과정을 통해 그들의 삶을 이끌고 있기 때문이기도 하다. 이에 더해 기성세대는 여전히 그들의 방식대로 젊은이들이 따라주기를 바라는 듯하다. 이제 기성세대가 그들의 그릇됨을 인정하여야 할 때가 온 것이다. 젊은이들은 그들이 잘 성장 할 수 있도록 기다려주는 덕이 있는 어른이 몹시 필요하고 또 그립다.

#미투. 남성과 여성의 힘겨루기의 결과가 아니라고 생각한다. 이는 #미투에 동참하는 많은 이들이 성별에 관계없이 약자의 편에 서서 응원하고 지지하는 것으로 확실해진다. 폭력, 금력, 권력 등과 같은 갑의 자본이 사회적 약자에게 가해진 결과라고 판단하는 것이다.

유 · 무형의 자본에서 정의를 찾기는 어려운 법이다. 말하자면 교육을 통해 천성을 변화시킬 수 없는가하는 의문도 든다. 옳고 그름의 분별에 대해 교육하지 못하면 상호관계에서 보편성을 확보하기 힘들다. 보편성은 자신의 행동이 다른 이의 입장보다 자신의 입장을 앞세우지 않을 때 힘이 생긴다. 사회활동 중에 마주치는 여러 관계망에서 평등성이 배제

되어 있는 대부분의 경우에 보편성은 결여되어 있다. 이로 인해 부지불식간에 약자에게 피해를 끼칠 수 있는데, 피해자에게 즉시 진심으로 사과를 하여야 하겠다. 피해의 수준을 따지지 말아야 함은 당연하지 않겠나.

#미투. 힘센 자는 성폭행마저 쌍방동의에 의해 합의가 이루어졌다고 한다. 약자에게는 이 말 자체가 폭력이다. 합의라고는 하지만 공정성을 보장하지 못할 뿐더러 치우쳐진 거래이므로 상호이익을 바랄 수도 없으니 말이다.

그래서 겉보기에 자발적 관계로 보이더라도 그 안에 담겨있는 진짜 강약의 관계를 살펴야 하는 것이다. 이는 나와 너, 우리를 동등한 인격체로 바라보는 보편적 인간의 세상을 위해 아무런 이익도 없이, 침묵보다 힘든 고백을 내어 놓은 사회적 약자들에게 합의의 이유도 과정도 묻지 말아야 하는 이유다.

함께 식사하고 나서 주차장으로 가는 길에서 내

손을 주물럭거리는 K교수에게 "밥 값 만큼 주물렀으니 이제 그만 놓아라"고 응대한 지난 시절의 나는 감히 #미투를 할 엄두를 내지 못했었다. 이미 기성세대 집단에 들어가 있는데도 사람이 먼저라고 절규하는 젊은이들에게서, 더 힘들었을 약자 아닌 약자로부터 오히려 용기를 얻고 있다.

많이 미안하다, 용기가 없어서. 희생을 감내하는 어른스러움을 보이는 사회적 약자의 도움으로 정의로운 문화적 목표를 수용하게 되는 세상은 좋은 삶으로 연결될 것이 분명하다.

#사람이 먼저다. 교육의 장에서 잘 하지 못하고 있는 사람교육을 미투 피해자들이 실천하고 있다. 상처받은 그들이 세상을 치유하고 있는 것이다. 힘센자들 앞에서 사람이 먼저임을 알게 하는 당신이 진짜 어른이다.

※ 영남일보 기고(2018.04.04.)

적성의 이용과 남용

대한민국이 패닉에 빠졌다. 적성(適性)에 맞지 않는 자리에서 비도덕적이고도 사회적 태만의 행위를 일삼는 인물들에 의해 우리의 이성은 뇌를 떠날 지경이고 감성은 상처투성이가 되어버렸다. 그럼에도 나는 대한민국을 사랑한다.

나의 애국심에는 목적이 없다. 그러나 사랑의 목표는 뚜렷하다. 한 번 뿐인 인생을 최선을 다해 세상에 내어 놓은 무언가가 다음세대에 대한민국에서 그들의 삶을 맞이할 후배와 후손들이 보다 나은 삶을 지내는데 보탬이 되는 일을 하는 것이다.

일찍이 정치철학자 존로크(John Locke, 영국, 철학자, 1632-1704)가 말했듯 우리의 이성과 지식의 모든 재료들은 경험에서 생성된다. 경험할 수 있는 다양한 일들을 통해 적성을 찾아 가는 길은 인간의 성장이자 성숙의 과정이다. 그것이 가능한 대한민국이라 믿기에 나는 내 나라를 사랑한다.

청년들에게 학벌이나 학력 따위에 자신을 내던지지 말고 "적성(適性)"에 맞는 일을 하는 것이 올바른 삶이라는 듯이 말한다.

우리의 청년들은 참으로 명석하고 지혜롭다. 그들은 철들기 전부터 시작한 학업의 지루함을 견뎌내고 얻어낸 적당한 성적(적성)에 어울리는 대학과 학과를 선택하는 현명한 사람들이다. 현명한 우리의 청춘들은 사회에 정착하는 동안 자신의 적성을 잘 찾아가는 과정을 거치는 고난을 극복하면서 성장해 나갈 자원이다.

이제 강단에서 이렇듯 적성을 잘 이용할 현명한 청년들에게 더 이상의 지혜를 요구하기가 부끄럽기 짝이 없고 엄두가 나지도 않을 지경이 되어버렸다.

적성(適性)은 어떤 일에 알맞은 성질을 의미한다. 금력과 권력이 몰려있는 대한민국 의 그곳에는 제발 그 자리에 어울리는 적성을 갖춘 인물이 자리하기를 간절히 소망한다. 그 위치에 적합한 성품을 갖춘 인물이 제 역할을 제대로 할 때에야 비로소 우리 국민은 대한민국을 믿고 자신의 인생에 적성(積誠, 정성을 쌓음)할 수 있다. 이러한 노력이 궁극에는 개인의 발전을 넘어 사회와 국가의 번영의 자원이 됨은 자명한 일이 아닌가 말이다.

장관, 회장, 총장 등 힘 있는 자리에 있는 모든 인물들이 그 자리에 알맞은 품격을 갖춘 인물이어야 하는 이유이다.

또 힘 있는 자리의 인물은 간언하는 인물을 곁에 두어야 하는 의무가 있다. 간언하는 자를 구분하지 못하는 자는 그 아래서 누수 되는 힘이 국민을 멍들게 하는 일들을 방관하고 있는 폭력자에 지나지 않는다. 그래서 국민은 아프고 슬프다.

간언(諫言)은 참 어렵다. 간언은 듣는 이의 힘을 고려하지 않아야 하고, 말하는 이의 목숨도 내어 놓아야 할 지 모른다. 최소한 대한민국에서의 간언자는 자신의 자리를 내어 놓아야 함은 분명한 듯하다.

대한민국에서의 간언은 듣는 이에게 드리는 충성보다 국민을 위해 살 수 있는 애국자만이 가능하다. 국민을 대신하여 간언하여 불이익을 받은 분들에게 깊은 감사를 드린다. 간언자를 내치는 침묵에 동조한 이들은 사회적 태만자이다.

권력이 지배하는 조직에 입성한 사람들은 책임지는 일을 적게 하고 금력이 생기는 일에 적성이 더 맞는 듯하다. 국민은 안중에도 없는 이들은 그들에게 주어진 적성을 남용하고 있을 뿐이다.

부도덕의 행위라면 벌이라도 받게 할 텐데 도덕

의 개념조차 없는 비도덕의 행위인 그들의 남용이 만들어 낸 고통은 언제나 국민이 감내해야 한다. 그래서 몸도 마음도 살기가 더 힘들어진다.

자신의 적성을 파악할 수 있는 사람이어야 한다. 적성에 맞는 자리에서 남용 없는 제 역할을 충실히 해야 한다. 그런 사람을 가려 쓰는 대한민국이어야 한다. 맨 꼭대기 인물부터 반성하고 각성해주기를 바라는 우리가 대한민국을 사랑하는 주인이지 않는가.

나라를 사랑하는 국민이 참고 있을 때 일을 잘 해 주는 것이 적성에 맞는 일이기를 적성의 남용자들에게 전한다.

※ 영남일보 기고(2016.11.01.)

가늘고 긴 자들의 추락

비통한 마음으로 깊은 반성을 했다. 모두의 공존과 공영을 위해 그분을 청와대로 모셨는데 이는 그곳을 감옥으로 사용하도록 하는 데 한 표를 행사한 꼴이 된, 4년 전의 잘못된 선택 때문이었다.

'국민의 승리'라고 자축하며 '사회 개혁의 출발'이라는 언론의 표현대로라면 우리는 지금까지 여전히 제대로 힘쓰기를 시작도 못 해본 채 출발선 앞에서 워밍업만 하고 있었던 셈이다.

워밍업에서는 큰 힘을 쓰지 않는다. 워밍업은 최소한의 에너지를 사용해 최대의 승리를 이끌어내야 하는 기능을 하는 작업이면 충분하다. 그래서 촛불시위는 워밍업이 아니다. 촛불에 담긴 노력, 간절함 그리고 희망을 셈하면 이미 출발을 한지 한참이 된 실전이 분명하다. 그래서 불이 붙기도 전에 촛불을 든 국민은 이미 그것이 꺼져서는 안 되는 전쟁임을 알고 있었으리라. '내가 어쩌다 이런 대통령을 뽑았는가' 하는 후회도 하면서 말이다.

지나간 시간 속의 선택이 오늘을 만들었음은 말할 나위조차 없을 테지만, 행여 승리감에 묻혀 보이지 않을 수 있는 반성의 마음을 드러내야 할 때임에 주목하여야 한다.

촛불집회는 사람의 마음 속에 자리하고 있어 보이지 않으나 지나온 수십 년 동안 상실과 패배를 통해 체득하고 배우면서 대한민국의 민주주의를 기대해 온 국민의 삶의 현장이었다.

진실과 정의를 담아낼 수 있는 역량을 갖춘 국

민이 민주공화국을 위협하는 갈등마저 무탈하게 끌어안은 것이었다. 그래서 이 힘은 자신의 앞날에만 온 신경을 질주해 온 정치인들의 마음을 변화시켰던 것이다.

인간의 본성과 정치의 본성으로 인해 도저히 대화가 되지 않는 이들도 있기 마련이지만, 그들도 자신들을 향한 비판만은 허용해야 할 것이다.

촛불집회에 등장한 모든 이들은 애국자이다. 비판 없이 사랑만 하는 나쁜 애국자이거나 사랑 없이 비판만 하는 나쁜 애국자, 그들의 생명이 가늘고 길기만을 희망하는 정치인들과는 수준이 완전히 다른 것이다. 그래서 촛불집회의 주인공은 모두 좋은 애국자이다.

굵고 가늚과 길고 짧음은 기준이 되는 지표에 따라 상대적으로 평가하여 생겨나는 차이에 지나지 않는다. 절대적인 가치로서의 굵기와 길이는 튼튼함과 지속성을 나타내며, 마땅히 지향해야 하는 것으로 튼튼하지 못하면서 계속되는 성질을 가질 수는 없는 것이다. 즉 가늘고 긴 것은 없다.

상대적으로 굵거나 길거나 하는 자들은 갑이다. 절대적 가치로서의 튼튼함과 지속할 수 있는 역량을 갖춘 국민을 대상으로 폭력, 금력 그리고 권력을 마음대로 휘두른다. 원래부터 그 힘의 주인이었던 것처럼 갑질을 하는 것이다.

가장 무례한 자는 자신의 거짓말을 진짜로 이해하고 언어폭력을 일삼는다. 또 사적인 삶에서 신뢰를 통해 구축된 자들을 위해 공적인 공간을 내어놓아 그들의 부를 축적하게 하는 데 권력을 이용하며, 그들의 자족적인 삶을 위해 국민의 곤경을 정치적 권력으로 사용하는 자들이다.

촛불집회에서 마주하는 낯선 사람들은 누구나 자유롭게 함께할 수 있었다. 다른 사람들과 더욱 강인해지고 튼튼해질 수 있는 관계로 발전할 수 있었기에, 굵어지는 과정을 거쳤기에, 자유롭게 형성된 사회 · 정치적 유대는 계속될 수 있을 것이다.

지금도 여전히 추락하여야만 할 가늘고 긴 자들이 많이 남아있다. 생각과 자원들이 차이를 갖고 있지만, 이러한 차이에 의한 갈등을 이해하고 타협하면서 튼튼한 사회로 대한민국을 지속하게 하는 힘은 바로 국민이다. 이러한 국민 앞에서 벌어지는 가늘고 긴 자들의 추락은 당연지사이지 않은가.

※ 영남일보 기고(2016.12.22.)

이견 있습니다

최근 출근하는데 문재인 대통령의 목소리에 귀가 번쩍 뜨였다. "대통령 지시에 이견을 제시하는 것은 해도 되는 것이 아니라 의무"라는 말 때문이었다. 마치 내게 지시하는 말처럼 들렸다. 그래서 국민의 한 사람으로서 감히 문재인 대통령의 지시에 이견을 제시하고자 한다.

대통령이 나에게 지시를 한 적은 없지만, 우리 모두의 대통령이 되겠다고 했으니 이를 믿고 이견을 제시한다.

공직자로 교육자로 살아오는 동안 체험한 지혜를 근거로 하고 있지만, 정답 없는 이견임을 먼저 밝힌다.

첫째, 공공일자리 창출에 대한 이견이다. 공공기관은 세대를 막론하고 젠더의 차이에도 불구하고 누구나 원하는 일자리다.

올해 9급 공무원 시험에만 17만명이 응시해 2.8%가 합격한다. 합격하지 못하는 97.2%가 절대적 다수를 차지하고 있지 않은가. 공시생은 불합격이 비정상이 아니며 합격하지 못함이 능력 없음을 의미하지도 않는다는 사실을 알고 있다. 그러나 어쩐지 올해 공시생 97.2%는 포기하지 않고 내년 시험을 준비할 가능성이 높아 보인다.

공공일자리 창출과 동시에 그곳에서 일하는 이들의 채용방식에 변화가 요구된다. 그들이 시험을 위한 학원이 아니라 체험을 통해 인적자본을 강화할 수 있는 노동시장에서 만나도록 말이다.

중소기업이 양질의 노동시장으로 변화하기 위해서는 현재의 임금보다 다음에 이용할 인적자본을 축적할 수 있는 정책과 다음 일자리로 이동이 가능한 채용제도가 시급하다.

둘째, 비정규직에 대한 이견이다. 정규직과 비정규직의 차별을 없애야 한다는 데에는 전적으로 동감한다.

모든 근로자를 정규직으로 채용하고 동일노동 동일임금으로 임금체계를 마련한다 하더라도 동일노동의 의미는 시간이 아니라 성과다. 육체근로자는 생산성이라는 절대적 가치로 평가되었지만, 지식근로자는 각자의 생산성이 상대적 가치로 평가되어야 할 만큼 경쟁이 치열하다.

그래서 성과에 따라 노동의 가치가 달라짐을 인정하는 과학적 합리성으로 임금이 재분배돼야 한다. 이를 위해서는 정규직과 비정규직에 구분없이 체득한 경험이 원하는 일터에서 평가받을 수 있는 채용제도 도입이 더 우선한다.

이미 보편화된 고등교육을 받은 지식근로자는 현명하다. 정규직으로 취업을 한 이들은 취업과 동시에 보다 나은 일자리로 이동하기 위해 현재의 일과 새 일자리 찾기를 동시에 하고 있다. 이는 이미 벌어지고 있는 미래의 사실임을 간과해서는 안 된다.

셋째, 퍼센트로 표시되는 숫자에 연연하지 말라는 부탁을 하고 싶다. 숫자 하나하나의 의미가 실상과 동떨어진 것이 많다는 것을 수없이 봐왔다. 취업처만 만들어 놓고 취업률이 높아진 듯이 발표하는, 웬만한 사람은 다 아는 비밀이 많다.

게다가 이미 세상은 숫자와 직결되는 생산성은 인공지능의 힘으로 해결될 것이라고 말하고 있지 않은가. 지식근로자가 갖추고 있는 인적자본을 적절하게 표시할 방법은 없다.

궁극적으로 그들 자신이 스스로를 가치 있는 사람으로 인정하고 국가는 그 가치를 실현할 수 있는 사다리를 만들어야 한다. 노동시장에서 사용하는 사다리는 퍼센트로 헤아리는 개수가 아닌 장소와 재질이 더 중요하다.

※ 영남일보 기고(2017.06.05.)

사드, 애국과 애향사이

사드배치 결정에 대해 반기(?)를 들고 거센 저항을 한다는 말을 듣고 있는 분들의 삶의 터전인 성주는 내 고향이다.

나는 환경공학을 전공하고 있는 교수로 환경영향평가 심의위원으로도 봉사하고 있다. 또 국립대학교의 교원으로 공무를 담당하기 오래전부터 공직자의 길을 걸어온 덕에 국가에 대한 무한한 감사의 마음이 가슴 깊은 곳에 자리하고 있는 사람이다.

이로 인해 나의 모든 사회적 활동에 있어서는 애국과 애향사이에서 고민할 이유가 없었다. 국가의 번영 속에서 고향의 발전을 기원하였기에 나에게는 국가와 고향이 늘 한 공동체였다. 그래서인지 국방에 반드시 요구된다는 사드 그 자체에 대한 식견이 부족함에도 사드에 대한 관심은 매우 높은 편이다.

대한민국의 지속적인 존속을 위해서, 우리 온 국민의 삶에 직접적인 영향을 미치게 되는 "안보"는 개인의 이념적 차이를 떠나야 하고 정치적 이슈를 극복하여야 하는 가치이다. 그 만큼 우리 국민모두에게 자유로울 수 없는 과제라는 말이다.

모 언론사에 의해 알려진 정부 당국자의 사드에 대한 입장은 우리가 우리 힘으로 해결 할 수 없는 대표적 문제 중 하나가 바로 사드라는 사실이다.

그렇다. 이것이 진짜다. 정부당국자가 문제의 어려움을 인정하는 것은 해법을 찾기 위한 조건으로서 매우 당연한 일이다.

그러나 정부의 해법 찾는 능력이 부족함을 애국이란 이름아래 감추고 애향하는 이들을 부추기거나 나약하게하기 위한 수단으로 안보를 이용해서는 안될 일이다.

문재인정부는 이미 지난날에 가졌던 사드배치에 대한 과학적 식견이 부족하였음을 인정하지 않았는가. 문재인정부의 송영무 국방부장관은 사드 레이더 환경영향평가에서 전자파가 나오지 않았다고 하였다. 이 결과는 사드배치를 반대하는 세력이 반대이유로 내세웠던 전자파논란에 대한 과학의 힘이라고 본다.

그러나 노아의 홍수시대부터 수많은 것을 우리에게 가르쳐주었던 과학적 지식이 부당하게 수집되거나 부분적으로라도 사실적으로 이용하지 못할 때도 있다. 이것은 혁명 또는 이기적 본능으로 과학적 식견을 변화하고자 하는 경우이다.

촛불혁명으로 새 시대를 연 문재인정부는 그를 지지하는 진보세력에게도 사드에 대해 지난날 가졌던 지식의 한계에 대한 진실을 제대로 가르쳐 알게 해야 할 때가 도래한 것이다.

과학의 변화는 혁명으로 변하는 것이 아니다. 과학은 오로지 발전에 의해서만 진보하는 것이다. 그래서 과학은 상식이 통하는 것이다.

8월 10일, 대구지방환경청은 성주 사드기지 소규모환경영향평가에 대해 관계 전문가 합동으로 현장 확인을 실시한다고 한다.

국방부는 지역주민, 기자단 등도 참관할 수 있도록 하고, 주민이 원하는 지점에 대해서도 측정할 예정이라고 한다. 모든 절차는 환경영향평가법에 따라 실시될 것이며 전자파 측정방법 역시 이전과 달라지지 않을 것이다.

주민이 원하는 장소에서 더 측정해주는 친절함으로 마치 안보의 책임을 다하는 "SHOW"를 하려는 이들의 작태로 인해 과학이 전도(顚倒)되는 환경영향평가로 전락하게 될 것이 뻔하다.

7일, 경북 성주 주민들과 사드배치철회 성주투쟁위원회 등은 10일 국방부와 대구지방환경청 등이 합동으로 실시하기로 한 성주골프장 사드기지 전문가 합동현장 확인에 참여하지 않기로 했다. 현장 참여여부로 과학적 자료(측정값)의 변화가 발생하지 않는다는 것을 알고 있기 때문이라 믿는다.

내 나라의 소중함을 누구보다 잘 아는, 나를 포함한 성주군민에게, 왜 하필 성주냐는 본능적 원망을 자제하기만을 강요하는 것은 문재인 대통령이 실수하는 것이다.

사드문제는 내 나라의 문제이며, 동시에 내 고향에 미치는 영향이 직접적이다. 버림받은 기분이 들기도 한다. 성주군민은 나약하거나 무력하지 않으며 분별력도 갖추고 있는 대한민국의 국민인데도 말이다. 사드기지를 결정하는 데 있어 보다 더 과학적인 과정을 거친다면 성주군민은 깊은 애국심으로 고향을 지킬 수 있을 것이다.

문재인 대통령님께 간청한다. 제발, 애국과 애향 사이에서 갈등하지 않도록 해 주십사고.

생존적자(生存適者)

생존은 '살아있음'을 의미한다. 우리는 그저 목숨을 연명하는 것이 아닌, 사회구성원으로서 활동을 하며 살아있음을 증명한다. 사회적 역할은 제 형편에 맞게 계획하고 발전시키면서 성장하고 또 변화를 이뤄간다. 이 과정에서 계획을 수정하거나 보완하기도 한다. 이것이 살아가는 자연스러운 방식이며, 마침내 삶의 흔적이 된다.

생태학 강의를 하면서 우리는 생태계의 진화에 대한 오해를 갖고 있다는 생각이 들었다. 그래서 생태학자들이 생태학분야 전공자가 아닌 이들에게 던지는 조언을 받아들였다.

생태계의 생물들이 역사 속에 진화를 하는데, 원대한 포부를 갖고 시도하거나 미래를 내다보는 '큰 그림'이 있었던 것이 아니라는 사실을 전문가의 의견으로 받아들이면 마음은 한결 편안해진다.

내가 가르치는 환경공학도들이 미래 환경공학자로서의 장기비전을 가질지 모르고 그들의 성장을 기대할 수 있는 여지는 많이 있다.

나와 제자들이, 혹은 우리의 후배들은 어떤 여건에서도 주눅 들지 않을 용기를 생물들의 진화를 통해 리본 없는 선물로 받는다. 그들은 이 선물을 밑천 삼아 생존할 것이며 마침내 적자로서의 역할을 감당하리라고 믿는다.

그러나 전문가라면 그들의 생존에 대한 해석을

달리해야 할 것이다. 전문가란 고등교육을 통해 지식을 습득하고 경험을 더하여 스스로 체화되는 과정을 거친 사람을 말한다. 그러므로 많은 연구성과를 판단할 때에는 전문가의 자문을 얻어 질적 성장을 유도하기도 하고 그들의 평가를 거쳐 성과의 수준과 가치를 판가름하기도 한다.

그래서 전문가는 변화하는 환경의 흐름에 유연하게 대응할 수 있어야 하며, 발전하는 학문에 휩쓸려 나가거나 흐트러짐이 없는 진리를 추구하는 가치를 지니고 있어야 할 것이다. 이를 위해서는 자신의 전공영역, 즉 전문분야는 물론 다른 학문과의 학문적·사회적 조우를 위해 끊임없이 공부하고 경험을 축적해 나가야 한다. 이런 노력의 전 과정이 전문가의 생존을 지탱해 주는 힘이라 믿는다.

얼마 전 낙동강 상류지역에서 물고기들이 생존하지 못하는 환경이 발생했다. 어류 폐사는 심각한 환경문제가 원인이다. 하지만 환경조사 결과는 어류의 생존을 불가능하게 한 이유를 설명하지 못하고 있다. 환경공학자의 입장에서는 참으로 답답하기 그지없다.

지난 3년간 낙동강환경유역청에서 지원하는 '낙동강수계호소환경 및 생태조사'의 총괄책임자로서 환경공학분야 전문가들이 주로 다루는 수질뿐만 아니라 동·식물 플랑크톤, 어류, 식생, 저서성무척추동물 등의 전문가를 섭외해 함께 연구했다. 전문분야에서의 실제 연구는 시간과 에너지가 소비되면서 연구결과들을 창조해 내는 과정에 불과하다는 생각이 들 만큼 생물분야 전문가 섭외는 무척 어려운 일이었다. 또 그들과 함께 일하고 결과를 창조해낼 제자와 후배들이 없다는 사실도 알게 되었다. 이 분야에서의 경험 축적은 대단히 힘들다. 앞서 말한 바와 같이 전문가는 지식습득을 하면서 경험을 축적해 과학기술이 체화되는 과정을 거쳐야 한다. 제 분야의 예비전문가는 이러한 일련의 숙련과정을 체험한 후에야 전문가가 될 수 있는 것이다.

어느 물환경에서 만나는 물고기, 어류전문가, 환

경전문가들이 제 역할을 제대로 하는 것만이 모두가 생존할 수 있는 사회가 된다. 환경전문가들은 물고기의 폐사원인에 대해 환경정보에만 의존할 뿐 생사에 대해 정답을 내놓을 수 없다. 그들은 물고기 전문가가 아니지 않는가.

이제 살아있는 어류전문가들이 나서야 할 때다. 어류전문가로 수많은 평가를 해왔던 그들은 지금 어디에 숨어있는지 묻고 싶다. 전문가가 아니면서 나서는 것도 바람직하지 않은 행위이지만, 전문가로서의 역할에 대한 방관은 그에 못지않은 무책임한 사회 행위라고 생각한다. 살아있다면 적자로서의 역할을 해야 할 것이 아닌가. 적자인 제 분야 전문가들이 함께 머리를 맞대어 작동하는 관계를 가장 고대하는 것은 물고기들일 것이다. 이 관계형성만이 물고기의 생존에 대한 위협을 규명하고, 해결할 수 있는 유일한 방법일지도 모르겠다.

※ 영남일보 기고(2018.06.18.)

치국평천하

이제 곧 한가위다. 해마다 차례를 준비하는 비용이 증가해 왔지만 올해는 유난히 더 팍팍하게 느껴진다. 누구든 또 그가 하는 일이 어떠한 것일지라도 살아가기 위해 열심히 노력하는 과정을 지나면 일정한 수준에서 안녕을 누릴 수 있기를 바라는 것이 그리 큰 욕심은 아닐 것이다.

그러나 투명해질 정도로 얄팍한 주머니 사정은 조상님 모시고 가족과 친지들이 함께 할 한가위를 더 힘들게 하고 당연히 바랄 수 있는 안녕조차 꽤나 먼 곳에 있는 듯 느끼게 된다.

개인은 사적 영역과 공적 영역을 거쳐 일생의 희로애락을 경험하는 동안 노동을 하고 임금을 받고 소비를 하며 사회를 성장시키고 발전을 유지하게 하는 귀한 자원이다. 완전한 개인적 삶은 이 세상에 존재하지 않는다.

그러니 우리가 함께 잘 살아갈 길을 끊임없이 모색하면서 공존의 장을 확장하는 정책만이 천하를 공평하고도 살 맛 나게 할 수 있는 길이다. 이는 개인이 노력하는 삶과 나라의 경제가 한 방향을 향해 속도를 맞출 수 있는 공평한 사회적 무대일 때 가능하리라.

그래서 개인이 어찌 할 수 없이 수동적으로 받아들여야 하는 공적 영역에서 정책을 수립 하여 치국(治國)해야 할 리더의 역량, 가치관, 삶의 태도는 매우 중요하다.

해봐야만 아는 서툰 공적 영역의 리더는 우리는 자신의 의지와 관계없이 우리를 가난하게 할 뿐 아니라 삶의 에너지를 빼앗아 무기력한 사람으로 변하게 한다. 이는 우리 모두의 안녕을 위해 필요한 공평한 사회를 유지하지 못하게 하는 이유이기도 하다.

시행착오는 성장과정에서 부득이하게 발생하는 것이다. 시행착오는 성숙한 리더들에게 주어지는 패자부활의 기회가 아님을 명심하여야한다. 성숙하지 못한 리더들은 더 성장한 후에 다시 도전하는 것이 세상의 뜻이 아닐까한다. 이를 주제파악이라고도 할 수 있겠다.

어른들은 젊은이들이 월세 살면서도 좋은 차와 여행 등 그들이 하고 싶은 것을 다한다며 젊은이들을 못마땅하게 바라본다. 이미 단순히 일터에서 일하는 것만으로 그들 자신의 행복을 얻을 수 있는 것으로 생각하지 않는 젊은이들에게 호랑이 담배피던 시절의 추억을 무기로 삼는 어른들의 말씀은 귀에 조차 들어오지 않을 듯하다.

세대 간의 갈등은 이렇듯 서로를 보듬지 못하여 한 무대에서 살지만 “우리”가 되지 못하는 현상으로 이어진다.

한가위에 모이는 가족친지들의 구성은 어떠할까. 아이와 어른, 알바생과 퇴직자, 취준생과 전문직 종사자 등 가족마다 천양지차일 것이다. 구성의 특징에 따라 갈등의 양상이 다르고 주된 관심사도 다를 것이다.

태어남과 죽음사이의 일들에만 관여하는 세상의 이야기는 함께 하는 이들 모두가 주인공이므로 적어도 한 무대에 있는 이들과는 공감할 수 있어야 한다.

할아버지 세대는 곁멋 들어 사는 젊은이에게 불만은 있으나 세상이 너무 좋아져서 죽기가 아깝다 하신다. 짠하다. 아버지 세대는 아버지 당신이 당신의 아버지께 하는 것처럼 당신께 하지 않는 자식들이 못내 서운하다. 그러면서도 자식들 땜에 등골이 휘어짐에 주저함이 없으시다. 이는 지나온 세월을 경험삼아 각자의 입장에서 다른 가족을 바라보는 것이다.

젊은 자식은 미래 안녕을 보장할 만큼 맘에 드는 직장을 구하기가 어렵고 이를 준비하는 데 드는 경제적 비용을 아버지로부터 지원받을 형편이 안 된다. 일하며 공부하고, 공부하며 네트워크 활동도 해야 하니 몸은 바쁘고 실속은 그리 없다. 지칠 만도 하다. 이는 특이한 상황이 아니라 누구나 입장에 따라 달리 볼 수 있는 마음들이다.

서로의 마음을 이해하는 것이 어려운 것이 아니다. 비록 이해한다하더라도 해결방안이 찾을 수 없다면 머릿속에서만 돌고 도는 다람쥐쳇바퀴에 불과하다는 것이 문제인 것이다.

우리는 치국을 하는 이들에게 우리의 평천하를 희망하며 권력을 위임하고 있다. 권력을 휘두르는 방식은 수도 없이 많다고 한다. 그 많은 방식 중에서 세대 간의 갈등을 해소하고 각 세대가 다른 세대를 보듬을 수 있는 제대로 된 정책들로 치국하기를 기다린다.

이번 한가위는 우선 삼세대가 가화만사성을 함께 기원하면서.

※ 영남일보 기고(2018.09.20.)

보수가 어때서 진보가 어때서

공공의 삶에 대한 소명감이 사적 삶의 무게를 넘어서는 순간에 찾아 온 가장 시급한 문제는 "나의 정치적 이념의 이해"였다. 정치학을 배워본 적도 없고, 어깨너머로 때로는 미디어를 통해 접한 것이 정치적 이해의 전부였던 내가 자신의 정치적 이념을 이해하기로 한 것 자체가 도전이었다고 해도 과언이 아니었다.

마침 한국교원대학교 교육정책전문대학원의 인적자원정책을 전공으로 하는 박사과정 입학을 위해 교육정책, 인적자본정책과 민주주의 등에 대해 시험 준비를 하고 있었다.

이 때 폴 슈메이커 교수(Paul Schumaker, KANSAS 대학)의 "진보와 보수의 12가지 이념(후마니타스)"을 만난 것은 대단한 행운이었다. 880쪽이 넘는 거대한 정보를 한 달 내내 받아들이고 정리하면서 나는 내가 알고 있다고 생각하였던 사실 아닌 모든 사실들을 내려놓을 수 있었다.

폴 슈메이커 교수가 전통적 보수주의부터 극단적 좌파까지 12단계로 구분한 이념의 차이를 이해하고 난 후에도 과연 나는 어디에 위치하는 이념에 해당하는가를 고민하고 또 고민해야했다.

있는 그대로의 현실을 중시하는 존재론에서부터 인간의 불완전성을 받아들이는 인간론, 공동체국가가 아닌 도덕적 국가를 지향하는 정치공동체의식, 더욱 책임 있는 시민을 양성하는 시민권에 이르기까지 그가 분류한 단계에 따르면 대체적으로 나는 현대보수주의 성향의 사람이었다. 이에 더해 정부역할과 자본주의 간의 균형과 통합의 사회구조를 지향하는 현대자유주의의 성향과 더욱 평등한 사회를 추구하는 급진적 좌파(극단적 좌파와는 다름) 성향의 주인이기도 했다.

다행이라 여겼다. 비록 전문가의 힘에 의해 정의된 분류로 정치적 정체성 파악을 시도하긴 했지만, 현대자유주의와 급진적 좌파의 이념까지도 안고 있는 현대보수주의인 내가 좋았다.

이 일련의 과정들은 자신을 돌아보게 하였고 여러 공공의 삶의 형태 중에서 좋은 사회로 여겨지는 이념에 위치하고 있다는 믿음을 확인시켜 주었다. 나는 이와 같은 세상을 지향하는 자신에게 "열린 보수"라 이름 지어 주었다. 물론 12가지 이념구분에는 없는 것이다.

열린 보수인 나에게 내재되어 있는 다른 성향

덕분에 현대자유주의와 급진적 좌파 이념의 동지들도 함께 한다. 양자택일의 문제들로 가득 찬 인생무대에서 진취적 사고, 자주적 판단, 나아가 진보적 실행을 통해 사적 발전과 사회의 번영이 더불어 양립 가능하게 하는 주인공들이라는 것이 공통된 특징이다. 극단적 우파는 우리를 좌라 부르고 극단적 좌파는 또 이런 우리를 우로 분류한다.

좌우는 자신의 위치에서 바라보는 상대적인 개념이지 않는가. 그래서 어떻게 불리던 개의치 않는다. 열린 마음으로 받아들일 수 있는 신보수이니까. 이는 열린 자유주의도 마찬가지 일 것이다.

그래서 열린 마음의 이들은 오롯이 좋은 세상을 위해 노력하며 살 수 있는 것이다.

열린 보수와 열린 자유주의의 사람들은 오늘 비록 성취되지 않을 열망으로 남는다 해도 좋은 사회를 위한 소명은 계속 이어가는 좋은 사람들이다.

좋은 사람들이란 그들이 사회로부터 받은 경제적 · 인적 자본을 사회에 내어 놓아 사회적 자본을 풍성하게 하는 사람들이니까 말이다.

사회적 자본은 쓸수록 증가하는 경향이 있고 충분히 사용한 후에도 줄어들지 않는다. 반면 사회적 자본이 없으면 삭막한 세상이 되고, 쓰지 않으면 사라지는 자본이다. 좋은 사람들이 노력하여 내어 놓는 사회적 자본은 쓰면 쓸수록 사회구성원 모두의 삶이 윤택해지는 공공의 자산이 된다.

우리 세상은 사적영역, 공적영역, 정치적 영역으로 구분되기도 한다. 정치적 영역의 건강성은 사적영역의 삶의 질적 수준을 지배하는 힘인 동시에 폭력이 될 수도 있다. 정치적 영역의 건강성은 공적영역의 온당함과 열성에 좌우된다. 그래서 정치적 영역에서 살지 않는 대부분의 국민들은 함께 해야만 하는 공적영역을 잘 나누어 공유해야 하는 것이다.

이를 위해서는 12가지 상이한 이념을 지닌 누구와도 함께 할 수 있어야 하는 공공의 영역이어야 하는 것이다.

문재인 대통령은 대통령이 되기 전부터 우리 모

두의 대통령이 되겠다 하지 않으셨는가. 이념이 달라도 고루 사람을 써 도덕적이고 평등한 세상을 만들겠다 약속 하지 않으셨는가.

그러니 좋은 세상을 위한 약속을 이행하려는 정부의 공적영역에 쓰일 사람은 자신의 정치적 영역의 위치(이념)에 대해 분명하여도 되지 않을까. 그래야 지닌 이념의 차이를 넘어 더하고 나누는 일련의 과정을 통해 물적 · 비물적 자원의 불공평한 격차를 줄여 건강한 평등과 공정이 담보되는 사회통합의 가치를 완성할 수 있으니 말이다.

정부가 내세우는 다소 새로운 잣대인 생활보수는 성장시대로 가는 터널의 입구가 막힐 듯이 느껴진다. 생활보수라는 기준은 공적영역에서 중책을 맡아 소임을 할 인물을 평가하기에는 몹시 궁색하다. 생활보수라 드러내는 이들도 그들의 일터에서는 진보적이고 적극적인 태도로 생활하며 발전했을 것이며 앞으로도 그럴 것이다.

특히 교육과 연구는 진보적인 의식과 적극적인

실천이 생활의 바탕이 되는 무대에서 발전한다. 자칭 열린 보수인 나는 언제나 나의 제자들에게 진보적 생활의 스승으로 모범을 보이려 노력하며, 사회의 평등을 위해 사회적 자본을 공유하는 동지들과도 자유주의적 가치로 함께 한다. 사적영역에서나 공적영역에서나 한 결 같이 그러하려 노력한다. 그래서 "열린 보수"가 좋다.

사적영역의 자신에게 충실한 엘리트들은 그들이 공적영역에 나올 준비가 되었을 때를 기다려 제 때에 공적번영에 힘써주면 더 할 나위 없겠다.

잘 살고 싶었을 뿐

'사생유명(死生有命)'이라 하늘이 우리의 삶과 죽음을 결정한다. 하지만 그래도 이건 심하다 싶다. 지난해 화재가 난 제천은 안동과 서울을 오간 지난 10여 년 동안, 30만㎞ 이상 중앙고속도로를 달리면서 적어도 100번 이상은 스쳤던 고장이다.

대중사우나장은 또 어떤 곳인가. 그곳은 일터와 배움터에서 녹작지근해진 몸의 원기를 살려내는 고마운 곳이며 자주 찾는 쉼터다.

낯설지 않은 고장에서 일어난 그날의 사고가 남의 일 같지 않고, 어쩌면 그들 중 하나가 나였어도 전혀 이상하지 않은 까닭에 슬픔은 더 컸다.

목숨이 아깝지 않은 이 있으련만 할머니, 엄마, 딸이 함께 떠난 사연에 눈물이 많이 났다. 딸아이는 수능을 마치고 엄마와 함께 할머니 댁을 찾았다고 한다. 살을 부비면서 서로 등을 밀어주기도 했을 3인의 모습이 눈에 선하다. 수능을 마친 아이는 그야말로 만리전정(萬里前程)의 첫발을 디뎌보지도 못한 채 떠나야만 했다.

하지만 인명을 앗아가는 사고가 잊히기도 전에 또다시 일어났음에도 달라진 건 없다.

생업은 서민들이 세상에 내어 놓을 수 있는 재주로 생계를 잇고 그 재주로 얻어지는 열매들을 또 다른 사람들과 나누는 과정이다. 어떠한 과정을 경험하든 이 과정을 통해 주위 사람들과 어울리면서 살아가는 즐거움을 찾아가는 소박한 자아를 실현하게 된다.

이 소박한 자아를 실현하기 위해서 우리는 위협을 피해 가야 하는 직관을 우연히 갖고 있어야 하며, 그날 그곳에 있지 않아야만 할 필연 같은 우연들이 모이고 쌓여야만 가능한 내 나라를 조건 없이 이해해야 하는가. 분통이 터진다.

아이를 낳기만 하면 국가가 다 키워줄 것이라는 서비스 정신이 높은 분들, 4차 산업혁명이 새로운 시대를 열어줄 것이라며 인공지능에 희망을 거는 귀한 분들, 무엇이 이렇게도 살아있는 목숨들을 안중에도 없게 하는가.

낳기만 하면 국가가 키워준다고 하는 것을 들으면 획일적이고 통일성 있는 기계적 인격체를 배양하여 분배하는 시스템이 떠오르고, 인공지능의 정확성과 편리성이 인간의 연륜과 경험보다 우선하여 모범답안이 되는 가치를 추구하도록 문제 많은 교육을 양산하게 하는 가능성에 대해 고민하게 된다.

일개 소시민인 나조차도 나라의 미래에 대해 이

런저런 고민이 끊이지 않는데 국책을 맡은 훌륭한 분들은 고민은 당연하거니와 해결방안을 제시하여 실행하여야만 하는 것이 생업 아닌가.

하나 낳아 잘 기르기 위해서도 얼마나 많은 정성을 기울여야 하는지 알면 지금 살아있는, 오늘을 살고 있는 아이들의 목숨이 얼마나 귀한지 가늠이 될 터이고, 갇힌 공간 아닌 열린 공간에서 청춘들이 희망을 키울 정책의 절실함을 외면해서는 안 된다.

세월호 사건 이후 같은 사고는 두 번 없을 것이라며, 국민 안전을 책임지겠다고 한 대통령의 말다짐을 계속 믿어야만 하는지에 대한 갈등이 내 속을 할퀴며 달려든다.

말다짐은 말로 비롯돼 행동으로 옮겨져 지켜졌을 때 비로소 마쳐지는 속성을 가진다. 한정된 자원으로 이것저것 챙길 것이 많은 시대에 직면해 있으며, 정부의 지출이 앞으로 더 많아질 것이라는 사실에도 이견은 없다.

그러나 최소한 이것만은 부탁하고 싶다. 사생유명이 아닌 일에 세금을 아끼지 말고 쓰라고 말이다.

수많은 운 가운데 좋은 우연을 만났을 때에만 목숨을 부지할 수 있는 대한민국이 아님을 믿을 수 있도록 해 주어야 대통령의 말다짐이 완성되는 것이다. 그래야 고단한 20대들이 지닌 소박한 꿈, 학업을 하면서 성장하고 세상의 즐거움을 알아갈 수 있도록 하는, 잘 살고 싶은 꿈을 키우고 그 열매를 함께 나눌 수 있는 나라로 번영할 것이다.

그럼에도 나는 엄마와 함께 고향의 작은 목욕탕에 갈 것이다. 운 좋은 우연 없이도 안전하길 바라면서.

※ 영남일보 기고(2018.01.11.)

경북도지사의 얼굴

얼굴은 우리의 희로애락을 담아낸다. 자신의 얼굴을 보지 않고도 기분 좋은 얼굴인지 화난 얼굴인지 또 힘든 얼굴인지 알 수 있다. 그런데 참 이상하게도 자신의 주름은 파악하기가 힘든 듯하다. 언제나 젊다는 생각을 하면서 착각 속에 사는 어른들을 많이 만나게 되니 말이다.

세월이 지나면서 살아오는 동안 쌓여온 주름이 자연스레 노화로 표출되는 것에 그리 속상해 할 것까지는 없지 않나싶다. 시간은 누구도 비켜가지 않으니 참 다행이다.

지난 10월, 경상북도 지역혁신협의회 출범식에서 이철우 도지사로부터 위촉장을 받으며 그와 두 번째 악수를 했다.

그와 나눈 첫 번째 악수는 2010년 어느 봄날 그가 국회의원이던 때였던 것으로 기억한다. 8년의 세월을 건너 가까이에서 본 그의 얼굴은 많이 상해 있었다. 양복차림에 운동화를 신고 있으니 신사의 모양새도 아니고 일꾼의 모습도 아니었다. 이도저도 아닌 모양은 몹시 노곤해 보이는 그의 얼굴의 원인을 짐작할 수 있게 하였다. 8년의 세월이 흘렀으니 주름이 조금 더 생기게 되어 연식이 있어 보이는 것은 당연하나 그렇다고 세월이 고단한 모습을 연상하게 하는 것은 아니다. 이 때 합리적 짐작은 힘에 부치는 정도가 될 것이다.

차림이야 어떻든 그가 신은 운동화는 도민들을 위해 뛰고 달리고 싶은 이철우 도지사의 마음을 잘 드러내는 것이라 생각한다. 이철우 도지사가 경상북도의 새로운 시대를 연지 100일이 지났다. 23개 시·군을 동분서주 하였을 그가 노곤해 보이는 것은 당연한 것일지도 모르겠다. 고단한 그의 얼굴 속에 미소가 숨어 있는 것이 다행이긴 하다.

세계 지도자들의 얼굴이 떠오른다. 물론 나는 그들을 직접 만난 적은 없다. 뉴스를 통해 잠시 일방적 만남을 하는 것일 뿐이지만 그 순간에 그들의 얼굴에서 희로애락을 접한다. 버락 오마바의 얼굴을 보며 미국 대통령이 참 힘든 자리임을 실감하기도 하였고, 그의 미소를 통해 그의 삶에 대한 철학을 이해하게 되는 듯 했었다.

버락 오바마의 노곤한 얼굴 속에서 그의 역량을 단 한 번도 의심해본 적이 없었다. 버락 오바마 대통령이 그의 업무가 힘에 부쳐 노곤함을 느낀다고 생각하는 이가 있을까마는, 나는 그가 짊어진 절대적 일양이 고민을 거듭하게 할 만큼 많아 결국 얼굴에 나타나는 것이라 생각한다. 국민이 힘든 상황일 때

지도자가 윤기마저 반지르르한 얼굴을 하고 있다면 지도자의 리더십에 진정성을 느끼기 어려울 것이다.

나의 경험들을 통해 얼굴에 나타나는 힘듦을 둘로 나누어 본다.

첫째는 자신의 역량을 초과하는 일로 인해 생기는 과부하이다. 1톤 무게와 부피의 트럭에 1톤 무게에 1.5톤 부피의 짐을 실을 수는 없다. 비록 무게를 보고 감당할 수 있겠다 하더라도 넘쳐나는 부피는 감당이 되지 않으니 말이다. 싣고 가다 혹 도로에 짐들이 떨어지기라도 하면 다른 이들을 위험하게도 할 수 있으니 무게와 부피 모두를 살펴야 한다. 이를 위해 먼저 자신의 역량에 대한 주제파악이 우선되어야 한다. 이는 운동화를 신어도 해결할 수 없는 일인데 무리를 하면 얼굴에는 힘들다는 신호가 새겨지게 된다.

두 번째는 10톤 무게와 부피의 트럭에 다양한 무게와 부피를 가진 짐들이 여기저기 산재해 있어

달리고 또 달려야 실을 수 있는 경우이다. 절대적, 물리적 한계가 있다. 잠을 줄이고 동분서주하다보면 깜빡 기름 충전을 잊을 수도 있고 졸음운전으로 피해자가 발생할 수도 있다. 운전자의 안전도 보장할 수 없게 된다. 운동화를 신어도 리스크가 사라지지 않는다. 얼굴에는 노곤함이 스며든다.

지도자의 얼굴에 드러나는 노곤함은 두 번째 경우에 해당한다고 믿고 싶다. 뉴스 속 이철우 도지사 얼굴의 노곤함은 도민의 요구와 희망을 더 잘, 더 많이 실어 안전하게 달리는 결과라 믿는다. 그래도 안전운전을 위해 충분한 수면은 필수다.

우리 도민은 각자의 짐들을 잘 정리하여 트럭 경상북도에 실을 준비를 해두는 팔로워십을 갖추어야 한다. 지역의 중산층들은 트럭 경상북도의 운행을 돕고 더 많은 트럭을 확보하기 위한 펠로우십을 발휘해야한다.

리더십은 팔로워십에 힘입어 속도를 내고 펠로

우십에 의해 목적지로의 도착이 기대되기 때문이다.
힘들지만 우리 얼굴에 웃음이 찾아올 것이다.

※ 영남일보 기고(2018.12.06.)

사고의 장

'맞지기러더십' 대통령을 기대하며

우리나라 사람들은 리더되기를 좋아한다. 이것은 고등교육(대학교육)을 대중화 하는데 한 몫을 단단히 하였다. 고등교육의 대중화는 우리가 사는 시대를 지식정보화 사회로 변화하는 데 일조를 하였고, 자주적이고 독립적인 사회구성원으로 사회를 이해하고 판단하는 일에도 자본이 되어 준다.

그러나 시대와 공간을 함께 하는 사회의 모든 구성원이 가지는 지성적 역량의 정도가 같을 수 없고, 또 역량을 발전시키는 수준도 다르다는 사실에 이의를 다는 이는 없을 것이다.

리더의 자리에 있든 리더 과정 중에 있든 또는 리더가 될 수 없는 곳에 있든 관계없이 우리가 함께 하는 사회에서 최선을 다하며 사는 대부분의 구성원들에는 각자의 역할이 있다.

우리 사회의 모든 희망, 절망, 미래에 더해 현재의 문제들까지 손수레에 실었다고 생각해보자. 실어야 할 짐의 양과 질에 따라 손수레의 규모는 달라지지만 앞지기가 끌고 뒷밀이가 힘을 보태야 할 것이다.

지금 이 봄, 대한민국은 이성만으로 이해하고 감당하기가 어려울 만큼 시리고 깜깜한 격변기에 있다. 깨어질 수 있는 어려움과 내일의 희망을 기대할 수 없는 힘겨움을 수레에 가득 싣고 전혀 평평하지 않은 길로 전진해야만 하는 역사적으로 중요한 선택의 길에 서 있는 것이다.

대한민국이란 수레는 매우 가파른 오르막이어서 휘청거리기 십상인 길을 뚫고 지나야한다. 어디로 돌아올 길도 없고 피할 길도 없다.

이러한 때에 앞지기의 역할은 뒷밀이의 생명과 수레에 실려 있는 짐이자 자본을 함께 살릴 수 있을 만큼 심신이 건강하여야 하고, 나아가 책임감에 더해 자신을 버릴 수 있는 이타적 의무감이 있어야 한다. 행여 앞지기가 힘들어 포기하는 비겁한 마음에 지거나 자기만 살겠다는 이기적 본능에 굴복하여 손수레를 놓는 순간 모든 것은 사라지고 마는 것이다. 망하는 것이다.

뒷밀이는 혼자이거나 여럿일 수 있다. 여럿이 모이는 곳에는 언제나 무임승차하는 이들이 생길 수 있다. 전체를 위해 올바른 참가형태는 아니지만 무임승차하는 이들이 리더가 될 수없는 사회체계를 갖추는 것으로 비도덕적 행위를 견제하여야 할 것이다.

공동체 구성원으로서의 행복을 함께 하지 못하

는 도덕적 감성이 부재한 가엾은 이들임에는 분명하다. 그래도 우리 국민은 이들마저 포용하는 관용이 있는 사회를 꿈꾸는 선한 사람이 대부분이다. 이런 선한 사람으로 구성된 뒷밀이는 수레앞길을 볼 수 없는 위치에 있으나 리더를 믿고 고군분투하며 수레를 밀고 있는 펠로우와 팔로워들이다.

뒷밀이는 개인의 이해관계를 넘어 공적 번영을 위해서도 각자에게 주어진 사회적 역할을 성실히 하는데 게으름이 없다. 말로는 힘들다 희망이 없다 하지만, 실제는 여전히 대한민국의 미래에 희망을 걸고 있음을 알아야 할 것이다.

앞지기와 뒷밀이는 사회복지실천원리인 맞지기의 구성요소이다. 맞지기는 클라이언트의 욕구나 문제를 해결하기 위해 클라이언트와 사회복지사가 함께 노력하는 것이다. 클라이언트는 앞지기에, 사회복지사는 뒷밀이에 해당하는 것으로 그들의 만남에서 섬김, 신뢰, 협력, 존중, 견지, 상생의 가치를 서로 주고받는다고 한다.

나는 맞지기 역할에서 후학들의 지식의 길로 리더 하는 앞지기이며, 때로는 그들이 끌고 가는 수레를 밀어주는 뒷밀이이기도 하다.

살아가면서 맞지기 요소의 가치들은 앞지기 일 때도 뒷밀이 일 때도 지켜져야 하는 도덕적 품격이라고 믿는다. 따라서 역할에서 지켜야 하는 가치가 같은 앞지기와 뒷밀이는 모두가 리더이며, 펠로우이며 동시에 팔로워이다.

이제 곧 대한민국을 이끌 제19대 대통령 선거가 있다. 장애물을 피하고 주변 환경에 피해가 가지 않도록 배려하면서 나은 방향으로 전진할 수 있는 앞을 바라보는 통찰력이 있는 리더였으면 좋겠다.

등 뒤에서 수레를 미는 이들 모두가 앞지기를 믿고 힘을 모을 수 있도록 앞지기 리더십을 발휘할 수 있는 리더였으면 좋겠다. 청년, 중년, 또 사회약자들이 실업, 실직, 생활고 등의 짐수레를 끌고 갈 때 실질적 해결책을 강구하여 힘껏 밀어줄 수 있는 뒷밀이 리더십도 갖추었기를 소망한다.

맞지기 리더십을 갖춘 새 리더에게 교육의 장에서 배출되는 인적자원은 우리 모두의 수레에 튼튼한 바퀴가 되리라 믿는다.

※ 영남일보 기고(2017.04.17.)

귀천의 간극을 메우자

사람은 누구나 귀한 인물로 대접받고 싶어 한다. 타자를 귀한 사람으로 대접하는 것보다 타자로부터 귀한 사람으로 대접받고 싶은 마음이 더 우선하고 간절하다.

사람은 적극적인 행복을 추구하는 본능을 지니며, 이 행복은 사회 속에서 결정되는 여러 객관적 요소가 결합되어 결정된다고 믿는다. 게다가 행복의 상대적 가치로 귀함을 인지하기 십상이다.

사람들은 종종 자신과 타자와의 관계에서 상대인 타자를 지배하고 정복하여 신분을 높이고 지위를 높임으로써 귀한 사람으로 완성되는 것으로 착각한다. 복잡한 모든 포유류의 사회에서도 지위(status)는 중요한 요소이라고 하니 사람 사는 세상에서는 더 말할 나위가 없기도 하긴 하다.

사람의 사회를 연구하는 연구자들은 이미 보통 사람들이 일반적으로 높은 신분(서열, 부 등을 포함)을 추구한다고 보고하여왔다. 우리의 유전자는 신분 상승을 위해 부지런히 발전해 왔음을 부인할 필요는 없을 것이다. 그래 인정하자.

우리는 직업에 귀천이 없음을 배웠다. 다양성이 존재하는 직업에서조차 귀천이 없다 했으니 세상에 단 하나의 존재로 살아가는 사람에게 귀천의 구별을 하여 개인의 행복을 꿈꾸려 하는 어리석음을 범하는가. 그래도 사람에게 귀천이 있다고 우기는 사회라면 진정한 의미의 귀한 사람들끼리 유유상종의 연대를 꾸려봄이 어떨까 한다.

사람은 자신과 같은 유전자를 가질 사람을 만날 확률이 10^{400}의 수준이라 하니 같은 사람을 만날 기회는 거의 "영"에 가깝다고 하겠다. 그러니 이 세상에서 나와 만나는 모든 이들은 세상에 둘도 없는 유일한 존재이다. 그래서 만나는 모든 사람이 귀하고 또 귀한 사람으로 대접해야 하는 것이다.

나는 너를, 너는 나를... 이참에 국어사전에서 기술하는 귀함의 정의를 바꾸었으면 좋겠다. 신분, 지위가 높음을 나타내는 귀함을 지위조직에서 차지하는 비율이 매우 낮아 그 자리를 차지할 가능성이 매우 희박한 경우라고 제안하고 싶다.

신분 또는 지위를 예로 들어보면 이러하다. 길거리에서 "사장님"하고 불렀더니 여러 사람이 "나요" 하는 정도라면 사장도 귀한 지위는 아니다. 길거리에서 "회장님"하고 불렀더니 여러분이 또 "나요"한다면 이 또한 귀하지 아니할 수준이다. 그러니 높은 체하면서 귀한 사람으로 대접 받아야만 하는 특별한 위치는 아니라는 말이다. 이번에는 이름을 불러보자. 그 이름에 불리는 사람만이 "저요"라고 할 것이니 얼마나 귀한 존재인가.

사람은 이렇게 귀한 탄생을 시작으로 하는 삶을 선물로 받은 셈이다. 물론 유전적 혜택이나 비선택적 자본의 혜택이 우월하거나 부유하거나 하여 공으로 얻은 삶의 수월성이 다름도 인정하자. 그러나 이 수월성이 사람의 귀천을 평가하도록 해서는 안 된다.

비선택적 요소로 각자의 출발선이 달라도 함께 하는 사회의 공동선(善) 향해 노력하는 동안 발현되는 절대적 귀천의 인자로 더불어 사는 사회성을 가진 모든 사람들이 귀한 사람으로 불리어야한다.

대학 입학에 대한 일정들이 진행되고 있다. 어느 대학을 진학하던 건강한 사회인으로 성장할 수 있는 기회가 되어야 하는 교육의 장이 각별히 요구되는 때이기도 하다.

삶이 수월하다고 행복한 것은 아니라는 여러 심

리학자들의 연구결과가 무색할 만큼 학벌을 배경으로 귀한 사람의 대열에 낄 확률을 높이는 것이 행복의 지름길로 착각하게 하는 우리사회의 건강하지 못한 사회성을 바로 할 책임은 누가 져야하는가.

우리 모두라고 말하지 말자. 지금 청춘들은 기성세대가 만들어 놓은 사회의 건전하지 못한 교육문화를 결정한 당사자가 아니니 그들에게 책임을 물어서는 안 된다.

누구나 자신 앞에 불쑥 찾아올 확정할 수 없는 미래의 어려움을 맞닥뜨리는 가능성은 피해갈 수가 없는데, 이러한 경험들을 수용하고 극복하는 과정에서 원래의 귀한 기질이 잘 발현될 수 있도록 건강한 사회로 재정비해야 한다.

나와 같은 이 만나기가 하늘의 별따기 보다 더 어려운, 귀한 인간본성에 맞는 사회를 만들고자 노력하는 우리의 자율권을 포기해서는 안 된다. 그러기 위해서는 먼저 나도 당신만큼 귀하다는 겸손의 마음이 깊이 자리하여야 하겠고, 자신의 노력이 아닌 공으로 얻은 삶에 대해 책임져야 할 것이며, 귀한 사람들끼리 연대하는 긍정의 유유상종을 완성하는 사회성이 절실하다.

연대하는 이가 모두 귀하니 귀천의 구분이 불가능하게 된다. 모두가 귀함이 인정되는 순간 사회는 행복의 비명을 지를 것이다.

마음속에 자리하고 있을 지모를 귀천의 간극을 메워 마침내 귀함으로 하나 되는 사회를 준비하는데 작은 힘을 더하고 나누는 역할이 교육의 장에서는 더욱 절실한 계절이다.

※ 영남일보 기고(2016.10.20.)

셀프연봉협상

13월의 월급 또는 보너스 라고 하는 연말정산을 하였다. 연말정산은 국세청이 매달 월급에서 이미 원천징수한 뒤 세금과 1년을 결산해서 각종 공제 등을 뺀 실제 세금(결정세액)의 차액을 이듬해 2월에 환급해 주거나 추가 납부하도록 하는 절차이다.

이 과정을 통해 대부분의 월급쟁이들은 지난 한 해 동안 사회가 우리에게 준 경제적 가치를 정확하게 파악하게 된다. 병원, 약국 등으로의 지출을 보면서 새해 건강을 다짐하기도 하고 큰 병 없이 버티어 온 날들에 감사하는 마음도 갖게 된다. 그래서 연말정산의 과정은 지나온 일 년이 주마등처럼 스쳐가는 기록이기도 하다.

환급받을 만한 지출이 없다보니 공직생활 26년 동안 환급받은 기억이 거의 없다. 세금은 나눔이라 생각하기에 나의 세금이 배고픈 어린아이들의 밥 힘에 사용되기를 소망한다. 건강한 몸에 온전한 정신이 깃든다고 믿기에 그러하다.

나는 연말정산을 통해 나의 사회적 · 객관적 가치를 정리하고, 사회로부터 받을 수 없는 영역의 가치를 더해 스스로 한 해의 연봉협상을 한다. 조직 또는 사회가 인정하지 않는 가치를 나 자신과 협상하여 정한다. 연말정산을 할 때 세금을 내지도 환급받지도 않는 영역의 가치이다.

나는 이 과정을 "셀프연봉협상"이라 부르고 "셀프연봉계산법"에 따른다. 셀프연봉계산을 하는 동안 스스로의 가치를 객관적으로 바라보게 되고 "주제파악"을 하게 된다. 주제파악이 되면, 해야 할 일과 하지 말아야 할 일들이 확연히 드러나게 되고 스스로 세운 책임을 이행하는 즐거움도 생긴다.

나의 셀프연봉계산법에는 3가지 원칙이 있다.

첫째 지식과 기술이 고급화되어도 대체할 수 없는 것은 시간임을 자각하는 것이다. 해야 하는 일에 소요되는 시간을 정확히 판단하여 셈을 한다.

예를 들어 전공 또는 교양강좌의 강의를 위한 준비시간, 강의시간, 피드백시간, 학생들과의 교류시간을 모두 더하고 요일별 배정을 한 후 예기치 않게 생기는 여러 일들에 대한 불확실성을 고려하여 10%의 시간을 더한다. 이렇게 강의와 교육에 필요한 시간으로 결정한다.

연구에 사용되는 시간은 연구의 특성을 고려하여 낮밤과 주말까지 철저히 계산한다. 환경현장조사, 환경자료구축, 학술대회 발표, 논문준비 및 연구진들과의 회의 등 모두 빠짐없이 필요한 시간을 배분한다. 비로소 후학양성과 인재배출을 위한 교육과 연구가 조직의 목적인 대학의 교직원으로서 연봉계산이 완료된다. 실제 협상은 없지만 내가 받는 연봉이다.

둘째, 외부에서 얻은 역할수행에 요구되는 시간을 계산한다. 지적인 활동과 사회에 기여하는 일들에 대한 것으로 전문위원회, 지역사회 네트워크 활성화, 미래 인적자원 양성 활동 등이다. 이미 계획하여 예상할 수 있는 일들이 대부분이지만 그렇지 아니한 일들이 생길 때도 있다. 예상치 못한 일들은 사회공헌도를 생각하여 수행여부를 결정한다.

사회공헌도의 으뜸기준은 고교생의 진학상담과 대학(원)생들을 위한 상담이다. 추가되는 일들은 점심식사시간에 한다. 2016년 서울시립대를 지원하려는 여고생이 어머니와 함께 연구실로 왔고 점심시간에 상담을 하였다. 나의 밥시간이 그 아이에게 도움이 된다면 한 끼 굶는 것은 차라리 행복이었다. 나의 거친 질문에도 솔직히 응해 주었기에 몇 번의 통화와 문자를 통해 작은 도움을 줄 수 있었고 합격의 기쁨을 함께 하였다. 우리대학에 오지 않더라도 한

여고생의 미래를 위해 지역사회의 일원으로 마땅한 일이라고 믿는 책임감의 결과였다.

셋째, 하지 말아야 할 일들에 대해 "No"라고 답하여 얻은 시간들을 활용하여 사회에 내어 놓을 성과와 가치를 연봉에 더한다. 아직 제 자리를 찾아가는 중인 능력 있는 환경인들이 소외되지 않을 용기를 가질 수 있도록 네트워크의 장을 마련하여 사회발전에 소용되는 가치를 창출하면서 누리는 기쁨은 자신에게 돌아오는 신뢰이다.

나는 2017년 27번째 셀프연봉협상을 통해 실제 연봉의 3배로 결정하였다. 성실히 수행할 것이므로 3배 이상의 기쁨을 누릴 미래 연말이 기다려진다. 시간은 돌이킬 수 없고 기다려주지도 않는다.

자신의 가치를 알아주지 않는 시간에 머물러 있다면 자신의 성장에 희망적이고 사회발전에도 가치 있는 "셀프연봉협상"을 하면서 때를 기다리자고 감히 제안한다.

※ 영남일보 기고(2017.02.02.)

새봄, 캠퍼스의 새내기들에게

봄이다. 다가오는 시간이 늘 새롭듯 이 봄도 새봄으로 찾아왔다. 새봄은 비용을 지불하지 않고 우리가 공으로 얻는 삶의 선물이다. 새로운 것은 설렘을 유발하고, 설렘은 꿈을 꾸게 한다.

대학의 새봄에는 새내기들이 꿈의 주인공으로 등장한다. 이들은 기나긴 학업을 잠시 쉴 틈도 없이 변화무쌍한 세계에 적응을 하기 위해 지식과 정보를 쌓고 활용하는 일에 또다시 그들의 청춘을 보낼 것이다.

오늘날 대학생들은 앞선 세대에 비해 더욱 복잡하고 변덕스러운 환경에 적응할 수 있어야 한다. 작은 현상도 촘촘하게 파악할 수 있는 현미경을 장착하고, 동시에 예측하기 어려운 미래의 삶마저 볼 수 있는 망원렌즈도 짊어져야 한다. 미안한 말이지만 이처럼 상반된 지식과 기술을 모두 체득해야 살아남을 수 있다.

게다가 어떤 것을 지지하고 선택하는 것에 쓰이는 중요한 판단과 결정에 따른 결과는 오롯이 자신이 책임져야 한다. 그래서 그들의 선택은 온전히 자유롭고 자발적으로 이루어져야 한다.

대학생들의 학업에 대한 욕구는 학문을 향해 있는 것만이 아니다. 가깝거나 먼 미래에 그들이 활동하며 살아있을 무대에 적합하고 어울릴 수 있는 인적자본을 형성하는 것이 우선한다. 이것은 사실적이고 현실적이다. 이 또한 아무도 대신해 주지 못하고 책임져 주지 않는 삶이고 그들의 몫이다.

요즘 대학생은 학점이수를 통해 자신의 몫을 정량적으로 챙기는데 급급하다. 그래서인지 당사자들의 생각과 무관하게 대학이 졸업학점을 축소시켜 인적자본의 형성기회를 줄여도 반항하지 않는다. 4학년도 타 전공으로 변경할 수 있게끔 정책이 제도화됐는데도 반응이 없다. 심지어 수시로 탈을 바꿔 쓰는 학과명의 이합집산에도 아무런 대응을 하지 않는다.

대학구조개혁이란 거창한 이름 아래 대학생들에게는 본질적으로 수동성만 강요한다. 그러한 정책은 제도로 정착될 수 없음을 인지한 엘리트들이 고안한 교육정책이지만 근본적으로 모순된 목표 투성이다.

대학생들이 학사학위를 취득하기 위해서는 전공과 교양 분야에서 일정 시간 이수를 하고 학점을 인정받아야 한다.

하지만 사회는 대학생들이 예전과 달라졌으며, 인성이 부족하고 교양도 요구된다며 일침을 가하고 있다. 그래서인지 대학에서는 통합학문이란 왜곡된

방법으로 이를 극복하려 한다. 정량적 셈으로 보면 졸업학점이 늘어야 축적할 수 있는 지식이 더 풍부해질 것이다. 그러한 지식은 개인의 인적자본 가치를 증대시키고 취업을 위한 경쟁에도 쓸모 있게 사용될 것이다.

교육은 정량적 인적자본을 넘어 정성적(定性的) 사회자본을 동시에 형성해야 한다. 대학에서 같은 전공으로 만나게 되는 새로운 친구들은 경쟁자이면서도 서로가 공유하고 교환할 정보를 가진 사회자본이다. 전공뿐만 아니라 교양과목에서 얻은 결과들은 개인의 자산이 되며, 그 과정은 사회자본으로 더 좋은 사회를 만드는 데 기여한다. 그러므로 사회자본은 덧셈이 아닌 곱셈의 가치로 계산돼야 마땅하다. 큰 그림을 그려보지도 못한 채 근시안적 발상으로 정작 대학생들에게 힘이 될 미래의 기회를 박탈하는 것이 몹시 안타깝다.

새봄에 등장하는 주인공들에게 졸업학점의 한계를 넘어 개인의 재능을 성장시킬 수 있도록 다양한 분야의 청강을 권한다.

27년차 사회인인 나는 대학생 때 청강으로 들은 교과목의 지식을 주 자산으로 해 생업에 종사하고 있음을 고백한다. 이 권고는 누군가가 이미 만들어놓은 교육정책을 뛰어넘는, 변화의 주인공이 되는 데 대학이 품고 있는 다양한 자원을 맘껏 써달라는 간곡한 부탁이기도 하다.

새내기들이 건강하고 온전한 심신으로 각자의 삶에 주인공이 되리라고 믿으며 20년간 보살펴 준 그들의 부모님께 감사드리고 싶다. 새내기들과 함께 더 나은 교육, 더 좋은 훈련으로 그들의 자원을 확장시켜주고 싶은 것이 나의 새 바람이기도 하다.

※ 영남일보 기고(2017.03.17.)

한가위 토크니즘 속 여성

이제 며칠 지나면 한가위다. 제법 쓸만한 기간을 선사한 한가위 연휴로 많은 사람들이 해외로 여행을 떠난다 하고, 제주행 비행기는 그 값이 천장을 찌른다고 한다.

이런 상황이지만 그래도 대부분의 가정에서는 차례를 지내리라 생각한다. 한가위나 설과 같은 명절이 지나면 스트레스로 인한 통증을 호소하는 주부들이 부쩍 늘었다고 언론에서는 보도할 것이다. 늘 그

랬던 것처럼 이른바 명절증후군이다.

나는 우리나라 전통 중에서 제사문화를 매우 감사하게 생각한다. 살아 생전 생신날 함께 하는 것으로 동기간 함께 하게 하고, 당신들이 떠나신 후 자식들이 소원할까 하여 제사를 통해 저승에서 모니터링 하는 것 아닐까 하는 마음 때문이다.

예측하기 힘들 만큼 세상이 급변한다 해도 좋은 문화는 가치가 있는 것이라고 믿고 싶다. 물론 행하는 방법과 형태들은 각 가정의 구성원이 의논해 결정한다 하더라도 전혀 문제가 되지는 않겠다.

이번 한가위에도 가족이 모일 것이다. 뻔한 상황이지만 어머니와 며느리는 그 집안에 모인 대다수의 구성원과는 다른 성씨를 가졌을 터이다. 그리고 이분들은 주방을 무대로 구성원 대다수를 위해 헌신할 것이다.

가정은 작은 사회이지만 도덕적 · 사회적 근간이 이루어지는 중요한 곳이다. 바로 이곳에서 발생할 수 있는 고질적이며 인색한 관계를 살펴보자. 관계란 자신 이외 누군가와 함께 공유하는, 무의식적이면서도 의식적으로 발전하는 것이다. 한가위에 모인 가족 속에서 다수를 차지하는 지배집단과, 외부에서 그 가정으로 들어와 주방에서 시간을 보내는 소수집단을 생각해보자.

토크니즘(tokenism)에서는 수적 불균형으로 구성된 집단에서 15% 미만의 집단을 소수집단이라고 한다. 그러니 우리의 어머니와 며느리들은 토크니즘의 소수집단에 속하며 이들을 토큰(token)이라고 하겠다.

사회과학적 측면에서 보면 토큰들은 지배집단의 규범에 성실히 응함으로써 그들과 동일한 존재가 되려고 노력한다고 한다.

양적 분포에서 차이가 나니 그럴 수밖에 없다고 생각하기에는 가정 내 사정은 특별하다. 왜냐하면 우리의 토큰들(어머니, 며느리 등)은 비록 개인으로 존재하지만 가정 내의 많은 일을 해결함으로써 지배집단을 쥐락펴락하는 고수이기 때문이다. 게다가 다수 집단에 속해있으나 토큰들의 활동에 협조적인 이들(아들, 딸)이 함께하니 말이다.

한가위에 함께하는 개개인은 상황에 따라 조금씩 다른 가치관으로 상호간 수많은 관계가 형성되는 것은 단순하지만 설득력이 있다.

한가위에 여성들은 시댁에서는 토큰으로, 친정에서는 지배집단의 구성원으로 역할을 하는 이중성을 가지고 있다(물론 남성도 그럴 수 있지만 여성의 관계에 비하면 수월하다고 본다).

시댁에서 만나게 되는 스포트라이트 중 가장 큰 토큰인 시어머니와 며느리는 서로가 너무 잘 아는 관계이며, 이들은 세련된 동정심으로 서로의 허물도 덮어버릴 수도 있는 현명함도 갖추고 있다. 그렇지만 토큰 중 조금 더 늦게 합류한 토큰의 입장에서는 이미 지배집단의 일부가 돼버린 다른 토큰에 의해 영향을 많이 받는다는 사실을 간과해서는 안 되겠다.

한가위 토크니즘이 발현되는 양쪽 어디에 속하든 먼저 동화돼 있는 집단의 구성원들이 배려해야 한다. 토큰이 토큰에게 받는 감사함은 그 융통성을 발휘해 또 다른 가정의 토큰의 가치를 한껏 높여줄 것이다.

이로써 명절증후군은 조금이나마 줄지 않을까 싶다. 우리 선조들이 한가위 차례를 통해 건강한 가정을 지키려는 의도가 궁극적으로 이 시대 좋은 사회를 향하는 전략으로 제대로 사용되기를 기대한다.

이번 추석에도 우리집 우두머리인 아버지를 시작으로 지배집단인 가족구성원은 가장 하이라이트 토큰인 어머니께 감사를 올린다. 물론 새로운 토큰의 출현에도 적극적인 사랑으로 화답해야 할 것이다. 토큰이 쉽게 동화될 수 있도록 말이다.

※ 영남일보 기고(2017.09.26.)

낙동강의 포용력

나는 낙동강 상류 안동에서 매일 아침을 맞이한다. 맞이한 아침이 미처 기억에서 사라지기도 전에 새로운 날이 다가와 스치더니 또 한해를 보내야 하는 시간이 되었다.

해마다 연말이 되면 한해의 일들이 주마등처럼 지나간다. 아쉬운 일에 대한 후회와 미련은 마음을 보듬고 반성하게 하고, 좋은 일과 옳은 일에 대한 자족(自足)은 다가올 날들에 소용되는 용기가 되어준다.

2016년의 연말은 여느 해와 사뭇 다르다. 개인의 소소한 일들을 모두 묻히게 한 사건이 길고도 심각하게 우리의 현실 속에 들어와 버렸다. 우리 삶의 무대로 들어온 이 사건은 우리의 상식으로 이해할 수 없는 일이며, 무도(無道) 속에서 변칙으로 승승장구 하는 자들의 비정상의 세계를 간접적으로 경험하게 해 주었다. 보통의 사람들이 느끼는 감정은 크게 다르지 않아 개인의 걱정에 더해 나라걱정까지 하게 되었다. 이 마음은 국민으로서의 진정한 행보이다.

날이 차다.

겨울이니 당연한 찬바람이지만, 광화문에서 촛불 들고 서있는 국민의 마음보다 더 춥지는 않을 것 같다. 또 다른 마음으로 태극기 들고 고성을 내는 국민의 마음도 춥기는 마찬가지 일 것이다.

정치하는 이들이 그들의 역량을 발휘하여 잘 해주면 찬바람 덜한 곳에서 따스한 온기를 나눌 수 있을 것 같은데, 우리가 권한을 위임한 이들의 능력부족 때문에 국민이 나눌 한겨울의 따스함이 사라진 것 같아 내 속은 아쉬움을 넘어 활활 타오르고 만다.

나는 26년간 물환경을 조사하고 분석하며 연구해 왔다. 낙동강을 보며 매일의 아침을 맞이하는 복까지 지녀 낙동강을 연구하는 즐거움에 고마움이 넘친다.

올 한해는 유난히 낙동강을 찾는 일이 많았었는데, 낙동강이 내게 알려주는 지혜는 포용력이었다. 길이 521.5km의 낙동강은 태백 황지에서 매일 5,000톤의 새물을 생산하여 경북 안동을 지나면서 안동호를 만나 잠시 머무르며 제 기능을 살리고, 구미에서는 강가를 찾는 우리 보통사람들과 함께 시간을 보내고, 낙동강하구언까지 가는 길에 새로운 친구를 사귀려 한 숨 쉬어 가기도 한다.

유역면적 23,817㎢으로 끝을 가늠할 수 없는 낙동강에서는 그가 만나지 아니할 것들이 없을 만큼 부지런히 흐르고 흐른다.

근년에는 상류의 상주보를 시작으로 낙단보, 구미보, 칠곡보, 강정고령보, 달성보, 합천 창녕보, 창녕 함안보 등 8개의 비자연적인 막힘을 유발하는 새로운 친구들이 주는 고난을 극복하여 이들의 역할이 이수와 취수에 적절하게 녹아들 수 있도록 격려를 하고 살펴야 할 만큼 강단도 있고 배려도 있는 것이 바로 우리의 낙동강이다.

낙동강에는 수백 개의 지천으로부터 다양한 수준의 물들이 유입된다. 낙동강은 유입되는 물들의 질적 . 양적 다양성에 차별을 두지 않으면서 수용한다. 오염된 물이 유입되면 가지고 있는 많은 물로 감싸 오염도를 낮추어 함께 할 수 있도록 하고, 청정한 물이 유입되면 그 청정성이 빛날 수 있도록 환경개선으로 보답한다. 때로는 조류덩어리들이 수면을 뒤덮어 고도정수처리를 해야 할 만큼 수질이 나빠지기도 하지만, 낙동강은 멈추는 법이 없다.

흐르는 동안 기후변화, 산업폐수의 잔재들, 산림과 농업 분야에서 내어 놓는 갖가지 시련을 만나더라도 낙동강은 피하지 않는다. 낙동강은 이들을 받아들이는 상식(常識)을 갖추고, 위에서 아래로 흐르는 원칙(原則)을 지키면서, 맑고 깨끗한 물로 시작하는 낙동강의 가치를 유역주민 모두와 함께 하는 정도(正導)를 지키는 본보기이다.

연말이다. 한 해 동안 만나고 부딪치는 동안 나의 부족함으로 섭섭했을 누군가의 포용을 바라는 마음을 낙동강도 이해해 주길 바라고 바란다.

나랏일 하시는 분들도 낙동강이 들려주는 상식, 원칙 그리고 정도를 갖춘 포용력으로 새해를 맞이할 수 있기를 기원한다. 이해와 이념이 달라도 쉼 없이 전진해야 하는 대한민국에서는 틀림을 바로하고 다름을 수용하는 일들이 일상이 되어야 하지 않겠는가. 그런 2017년 새해를 고대한다.

조기퇴근, 이기적 본능

모든 경쟁에는 승자보다 패자가 많기 마련이다. 경쟁에서 승리를 하는 쪽이 앞서가는 이가 되고, 승리를 놓친 쪽은 뒤처지는 이가 된다고 생각한다. 그래서 루저가 더 많은 것이다.

나는 경쟁에서 생기는 존재에 대한 사고방식이 리더(leader)와 루저(loser)로 나누는 사회를 조장한다고 생각한다. 루저는 루저라 불리어도 열심히 산다. 젊어서 고생은 사서도 한다며, 청춘들의 아픔은 오히려 득이 된다고 한다. 이는 승자가 되기 전에는 도저히 끊을 수 없는 경쟁만을 부추기는 기득권이 넘치는 이기적인 사회에서 사용하는 말이다.

그렇지만 생각의 차이가 있어도 시대와 공간을 함께 하는 사회의 모든 구성원이 가지는 지성적 역량의 정도가 같을 수 없고, 또 역량을 발전시키는 수준도 다르다는 것은 누구나 납득할 수 있는 사실이다. 태어날 때부터 환경에 차이가 있음은 말할 필요조차 없는 현실이지만 대부분은 이를 꾹 참고 받아들이며 산다.

우리나라의 교육정책은 대중화를 통해 온 국민에게 학업의 열정을 기반으로 지식의 창고를 채우는 일에 앞장서왔다. 채워진 창고의 주인은 자신의 창고 속 지식과 열정을 어디에서 어떻게 쓸 것인가를 매일 고민하면서 하루를 열심히 산다. 물론 창고의 규모에 차이가 나고 그 속에 채워진 것들은 질적으로도 천차만별이다.

이런 저런 차이가 있지만 우리 사회의 모든 개

인은 공유하며 살아가는 우리 사회의 발전을 목적으로 유용한 삶을 살아가고 있다고 믿는다.

개인의 발전과 공적 번영을 위해 장기간에 걸쳐 수많은 투자를 해온 청춘들이 공무원시험에 매달리고 있다. 절대적 고용안정성의 확보와 큰 탈 없이는 봉급 오르는 일이 저지되지 않아 삶의 경제적 지속이 확실한 직장이 공무원이다.

나는 20-30대에 지방직 공무원과 국가직 공무원을 거치면서 공직생활을 14년 동안 했었다. 공직자의 봉급이 일 한 성과에 대한 것이 아니라 일 한 시간에 대한 것이란 생각을 오래도록 해왔다.

합리적이지 않고 노력하는 분위기를 만드는데 효과적이지 않은 임금체계가 못 마땅하기도 했다. 공직자의 봉급은 누군지 알 수 없지만 우리 국민들이 내는 세금을 떼어 받는 몫이라 여기면서 더 많은 일에 보다 더 훌륭한 결과로 밥값을 하려고 최선을 다 해왔던 지난날이 스쳐지나간다.

공직은 직급을 막론하고 최고 인기 있는 직장이 되어있다. 2016년 국가직 9급 공무원공채시험은 53.8대 1의 경쟁률을 보이면서 그 인기를 실감나게 하였다. 4,120명 모집에 222,853명이 지원하고 응시하였으니, 합격자는 그야말로 자신의 삶을 성공적으로 계획 . 설계하여 주도적으로 노력하여 목표를 성취한 셀프리더라 할 것이다. 불합격자는 다음 기회에 성공할 가능성을 기회로 잡을 잠재적 리더라 부르고 싶다.

공무원 시험은 오로지 시험점수로 등위를 가려 합격자를 정하는 것이니 부정 . 부패 등이 스며들 여지는 없다고 보아도 될 것이다. 그래서인지 수많은 수험자들은 합격을 위해 오로지 시험에만 매진한다.

많은 이들이 공무원 시험을 준비하기 위해 학원으로 간다. 성인이 되어서도 여전히 사교육에 드는 시간과 경제 비용을 감당해야 하므로 취준생들은 고달프기 그지없다.

주말의 주중화와 야간의 주간화를 통해 시간을

벌어 미래를 위한 공부를 하니 이보다 더 '사서하는 고생'이 또 있으랴.

공무원만을 위하는 세상처럼 되어버렸다. 한 달에 한번 조기퇴근을 합법적으로 추진하고 그 시간을 30분의 자투리시간으로 나누어 보충하도록 한다고 한다. 적어도 이를 해보고 싶다면 그들에게 공무를 위임한 우리 국민한테 한번 물어나 봐야 하는 것 아닌가.

일단 공무원이 되고 나면 개구리 올챙이 시절을 잊은 채 집단적 이기적 본능을 마음껏 드러내어도 되는지 깊이 반성해야 한다. 공무원 복무규정에는 조퇴, 연가, 병가 등의 일하지 않을 수 있는 날을 정할 수 있도록 하고 있다. 이를 잘 활용하면 국민이 위임한 공무를 충실히 하면서도 개인의 행복을 추구할 수 있다.

공무원 조기퇴근이 유연근무제라는 이름으로 그들의 공적 시간보다 사적 시간 마련에 공을 더 들이는 이기적 본능을 숨긴 것은 아닌지 의심이 생긴다. 나아가 힘을 가진 자들이 행복을 추구하기 위해 벌이는 이와 같은 행위는 우리 사회의 잠재적 리더들을 더 힘들게 하여 박탈감과 소외감이 증가하는 사회로 만들 것이다. 결국 이는 국가의 생산성을 저하시키는 행태로 이어져 국민의 행복을 불확실하게 될 할 뿐이다.

제발 공직자들이 행운의 혜택을 받지 못한 동반자들을 상호적 공동체 구성원으로 대할 수 있는 이들이기를 바란다. 이것이 공직자에게 요구되는 자질이다.

수능마친 청춘들에게

지난 11월 7일 입동이 지났다. 마음은 아직 가을언덕에 있는데, 몸은 겨울 채비에 한창이다. 그로부터 열흘 뒤 11월 17일 대한민국 청년들의 역사가 시작되는 수능의 날이 지나갔다. 늘 수능의 날은 추웠던 것 같은데 올해의 수능의 날은 손을 호호 거릴 정도의 추위는 아니어서 다행이다 싶었다. 수능의 날 주인공들의 몸과 마음에는 찬바람이 불었을 테지만 말이다.

수능의 날 주인공들은 각자의 무대에서 참으로 오랜 시간 동안 그날을 준비해왔으며 최선을 다했을 것이다. 그들을 위해 어른들이 할 수 있는 일은 지켜보는 일로 충분하다. 그러나 지켜보는 중에, 온갖 간섭을 다 해 왔다. 개인의 수입을 올리고 높은 사회적 지위를 얻는 데 안정된 자질이라 믿는 지능의 향상이 리더의 자격이라 믿는 어른들의 사람답지 못한 이성적 사고가 만들어 낸 일이다.

리더십이 주목받고 있다. 리더십을 연구하는 연구자들은 다양한 형태로 리더십을 분류하고 있다.

이 중에서 전통적 리더십과는 달리 개인적 삶의 무대에 초점을 맞춘 셀프 리더십(self leadership)이 대세인 모양이다. Charles C. Manz와 Henry P. Sims, Jr.에 의해 1980년에 셀프 매니지먼트(self management) 이론에서 시작된 것이니 자기통제와 자주적 역량이 풍부해야 체득되는 것이라 하겠다.

철들기 전부터 학업의 길로 들어선 우리의 아이들은 이십년 가까운 세월동안 자신의 광대한 지식창고에 학습한 내용들을 차곡차곡 쌓고 스스로를 통제하며 시련을 겪기도 하면서 성장해 온 것은 분명하다. 그래서 이들은 이미 셀프 리더들이다. 어느 누구도 내신과 수능의 등급으로 이들이 오랜 세월동안 쌓아온 셀프 리더십을 평가할 수 없다.

나라를 매니지먼트하는 분들은 셀프 리더십이 강한 이들이다. 셀프 리더십이 강하면서 나랏일 하시는 분들은 셀프 리더십이 갖고 있는 이기적 본능을 통제할 수 있는 기능이 부재한 셀프 리더들이다. 그들 이외의 삶에 대한 가치를 하찮게 생각하는 오류가 밝혀지기 전까지는 완벽한 셀프 리더였으리라.

2016년 수능을 마친 셀프 리더들에게 간곡히 청하고자 한다. 셀프 리더에서 셀프를 떼 내어야 진정한 팔로워(follower)로 동참하고 파트너십을 기반으로 하는 펠로우(fellow)로서 성장할 수 있음을 고하고자 한다.

세월이 지나 사회에 나섰을 때, 비혈연자들과의 만남이 확장 · 확대 되었을 때, 수많은 셀프 리더들과의 경쟁이 치열해지는 상황에 직면하게 될 것이다. 자발적으로 협동하면서 경쟁하는 사회는 셀프 리더십에서 셀프를 뗀 리더의 자격을 갖춘 이들이 함께 하야 가능한 세상이다.

팔로워와 펠로우의 역할을 충분히 경험한 후에야 이기적 본능의 유혹과 위협을 감당할 수 있는 리더로 성장하고 성숙할 수 있으니 말이다.

세상을 어지럽히는 이들을 보라. 세상살이 짧지 않은 이들이지만 여전히 셀프 리더십에 머무르고 있어 리더십 부재조차 인지 못하여 부적절한 판단을 일삼는 이기적인 인물들이지 않는가. 진짜 리더십은 말로 글로 배울 수 있는 것이 아니다. 시험으로 판단할 수 있는 일은 더 더욱 아니다.

2016년 수능마친 셀프 리더들이 셀프를 떼고 진정한 리더십을 갖추어 갈 것이라 믿는다. 셀프를 떼는 가장 좋은 방법은 성실한 멤버십 실행이다.

한 점의 결과를 얻기 위해 점이 선이 되도록 수많은 시료를 채취하고, 분석하여 해석하는 것처럼. 점들이 모여 선이 되는 순간 아직 그리지 않은 저 멀리의 선이 눈에 보인다.

이를 통찰이라 한다. 노하우로 전해 줄 수 없고, 팔수도 살수도 없는 귀한 힘이다. 그런 리더십을 갖출 청춘들에게 대한민국의 미래를 맡아달라고 간청한다.

둘레길, 돌아만 가는 것이 아니다

영남의 땅에서 태어나 길지 않은 유학과 인천광역시 소재의 국립환경과학원에서의 근무기간을 제외하면 줄곧 영남토박이로 살아왔고 살아가고 있다.

아이러니하게도 이런 내가 처음으로 자연의 맛을 본 둘레길은 전라북도 남원시 인월면에서 시작하는 지리산둘레길 2코스 일부이다. 전국 곳곳에 둘레길이 많고 올레길 천지인데 말이다.

지리산둘레길 22구간 중에는 극복할 수 있는 체력이 요구되는 험한 곳도 있고 경치가 좋아 자연을 만끽할 수 있는 곳도 있어 어느 길 하나 좋고 나쁨의 구분을 필요로 하지 않는다는 경험자들의 이야기를 많이 들었던 터였다.

평소 운동을 좋아하지 않고 축적된 체력 또한 그리 충분하지 않은 자신을 잘 알고 있었다. 그래서 나는 그 많은 길 중 무엇을 우선하여 결정하여야 하는지, 그 고민을 시작으로 여러 구간 중 하나를 선택하였다. 체력, 그에 기초하는 지구력, 자연과 하나됨 등을 마땅히 고려해야 하지만, 나는 이러한 조건들에 앞서 "지루함"을 결정 인자로 선택했다. 그리고 오르막 내리막길이 전체의 50%가 되지 않는 도보 난이도 하급으로 평탄하고 주변에 볼거리가 적어 그저 앞으로 앞으로 걸어 나가는 이외에는 생각할 일이 없어 보이는 둘레길을 첫 경험지로 선택했다.

1시간 쯤 걸었을 즈음 30대 초반의 여성들과 마

주하게 되었다. 나는 세명의 그녀들이 갔던 길을 되돌아오는 느낌이 들어 물어봤다. 그랬다. 그녀들은 길이 지겨워 완주를 포기하고 되돌아온다고 하였다. 많이 지겹냐고 물었더니 되돌아가는 것이 나을 것이라고 진심으로 충고를 해 주었다. 그녀들의 충고에 나는 내심 제대로 된 선택을 한 것이라 여겨져 기분이 좋았다. 지루함을 코스의 결정인자로 선택하였으니까.

걷는 동안 딱히 시간을 재지 않아 기억이 분명하지는 않지만 3시간은 넘게 걸었던 것 같다. 높고 낮음이 없는 그 길을 그저 걷기만 했다. 내딛은 발은 분명하게 나를 앞으로 가게 하였고, 지루한 배경들은 뒤로 지나갔다.

그렇게 한참을 걷고 뒤를 돌아보니 내가 걸어온 길이 까마득히 보이기까지 하여 스스로 감격까지 하였다. 나는 이 지겨운 길을 묵묵히 걷고 있는 자신을 대견해하며 격려를 아끼지 않았다. 진짜 산을 오르는 분들이 들으면 코웃음 칠 정도의 하찮은 일이고, 보통의 사람들이 들어도 대꾸조차 하지 않을 시시하고 지루한 길을 걷고 있음을 잘 알지만 말이다.

우리 모두는 헤아릴 수조차 없는 선택을 하면서 산다. 간단한 선택부터 힘든 결정과 무거운 결단력을 요구하는 선택까지.

어떠한 형태의 선택을 하던 우리는 각자의 선택을 통해 행동을 결정하게 되며 마침내 목적을 달성함으로써 궁극의 목표를 완성하게 된다. 그러니 그만하면 괜찮은 선택이란 일찍이 선택을 포기하는 것과 맥을 같이 할 수도 있다는 생각에 다다른다. 너무나 많은 정보의 홍수가 선택을 어렵게 하는 상황이 발생하는 시대에 직면해 있으니 적당한 정보로 괜찮다 여길만한 선택을 하는 것이 오히려 합리적으로 보일지 모른다.

그러나 되돌아갈 기회가 없는 삶에서 스스로가 결정하는 수많은 선택을 하는데 그만하면 괜찮은 선택이 최선이 아닌 경우가 많다. 중대한 결정을 해야 하는 때에 최선의 대안 찾기를 그만 두게 되는 자기

합리화 과정을 말하는 것 같기도 하다.

허버트 시몬(Herbert Simon, 노벨경제학상 수상자)은 여러 선택지 가운데 자신에게 유리한 부분만을 주시하고 최선의 선택과는 거리가 멀지만 그만하면 괜찮은 선택을 하게 되는 과정을 만족화(satisficing)라고 정의한 바 있다.

자기합리화를 통한 만족화는 어쩌면 자신을 속이는 행위일 가능성이 높은데 이는 자신의 선택에 대한 과대평가의 결과이기도 하다.

둘레길에는 엘리베이터와 에스컬레이터가 없음은 물론 가파른 계단조차 좀처럼 만나지지 않는다. 나 외의 환경에 의해 강요당하지 않으므로 온전히 자신이 한 선택에 대해 적당한 만족화 과정을 거칠 필요가 없다. 그저 한 발 한 발 내딛는 순간 전진만이 오롯이 선물로 다가오는 것이다.

그러다 때로 갈림길에서 헷갈릴 수 있다. 이로 인해 방향이 잘못되었을 때에는 다시 제자리로 돌아오면 그만이다. 누구에게 변명할 이유도 없고 어설픈 핑계로 고민하지 않아도 된다. 마치 처음 하듯 전진을 계속하면 된다. 스스로 정한 코스의 방향대로 자신의 속도로 전진하면 되는 것일 뿐이니 마음 또한 편하다.

3일간 50km. 계획한대로 완주하였다. 지루한 여정에 대해 감사를 했다. 나에게 지루함은 기다림을 극복하게 하는 수단이다.

반드시 달성될 기다림은 그 자체가 즐거움이고 행복이다. 반면 그 끝을 알 수 없는 기다림은 처음의 열정을 유지하기 어렵게 하고 끈기조차 맥없이 만든다. 더한 경우에는 자신감마저 떨어뜨리므로 결국 만족화 과정이 스멀스멀 찾아오게 한다. 그러면서 이만하면 괜찮은 선택을 하는 실수를 범하게 된다.

둘레길. 돌아만 가는 것이 아니다. 내안의 리더, 펠로우 그리고 팔로워를 만나게 되는 기회이다. 내안의 나들끼리 대화하고 이해하는 시간이다.

그래서 둘레길은 실수를 줄여 합리성보다 진정성 넘치는 삶의 주인공이 되게 하는 길이다.

둘레길, 다시 걷고 싶다.

지방여성공학자, 성공의 길
(career path)

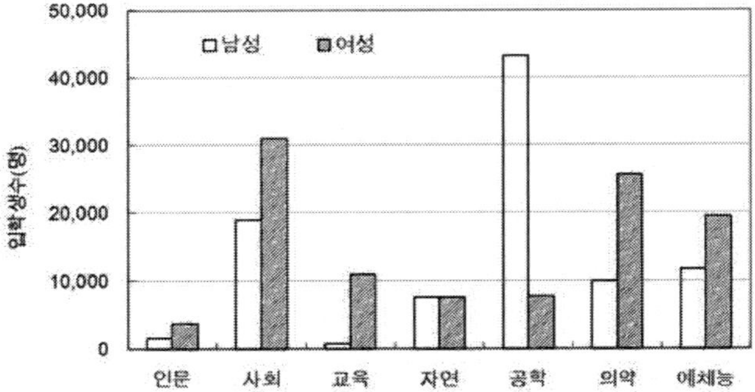

2017년 계열별 성별 입학생수 비교

대학진학이 일반화 수준인 오늘날. 성별에 구분 없이 원하는 것이 무엇이든 전공으로 선택하여 학업을 계속할 수 있음은 행복이다.

대학마다 여러 전공들이 분포되어 있으니 선택의 폭도 넓은 듯 보인다. 성적에 맞추어야 하는 아쉬움이 있기는 하지만 그것은 어디까지 대학에 대한 것이지 전공에 대한 것은 아니다.

실제는 어떨까. 2017년 계열별 성별 신입생수를 비교한 결과(2018년 교육부 통계자료)는 공학계열에서만 남성 신입생수가 여성 신입생수보다 현저하게 많다. 이는 여성 공학도들이 학업을 하는 중에도, 학업을 마치고 사회에서 활동하는 데에도 다른 계열을 전공한 이들과는 확연히 달리 남성 중심의 세계에 투입된다는 것을 의미한다.

2017년 계열별 신입생 비율을 보면 공학계열(25.5%), 자연계열(7.6%)로 이공계열의 차이는 매우 크다. 사회계열은 25.0%로 문과계열에서 가장 높은 신입생 비율이며 공학계열과 비슷하다.

그러나 성별의 구성면에서 공학계열의 여성은 3.4%에 그치고 사회계열의 여성은 15.5%에 이른다. 공학계열의 여성들은 계열에서 다수의 남성들 속에서 소수자로, 유일하게 여성의 수가 남성의 수를 넘지 못하는 학문의 영역이다.

대학 교육이 지식을 쌓아 가는데 있다면 기술을 연마하는 지식 즉 실용적 지식을 함양하는 분야의 신입생이 매우 높은 동시에 사회분야의 문이 많이 열려있음을 의미한다. 각 계열별 학과별 정원이 입학 전에 이미 정해져 있으니 말이다. 교육이 공급자 중심이라는 말이다.

토크니즘. 남성공학자에 비해 수적으로 열세인 여성공학자들이 사회의 주류가 될 가능성은 얼마나 되는가. 우수한 인력의 이공계 기피현상을 우려한 것은 이미 20년 전의 일이다. 공학계열의 입학생 수가 전체의 25.5%를 차지하는 동시에 성별에 따른 극심한 차이를 나타내는 공학계열의 결과에서 진짜 문제는 무엇인가.

대학에서 전공으로 쌓은 지식만으로 사회생활을 하는 것은 아니다. 그러나 지식이 자산인 지식근로자로서의 삶을 살아가는 우리에게 전공은 사회에서의 활동을 스스로가 지원하는 자원인 동시에 꿈꾸는 일들을 이루어 성공적인 삶을 완성하게 하는 통로를 개척하게 하는 에너지이다.

여성들이 공학계열로 진학을 하지 않는 것일까, 혹은 못하는 것일까. 이들의 공학계열 비선택에 있어 행여 집단의존성이 영향을 미치는 것은 아닐까. 누가 시키지도 않은 고민을 또 하기 시작했다.

나는 자연계열(학부 전공, 미생물학), 공학계열(석박사, 환경공학)의 학업을 마쳤고, 다시 교육학(석사학위 취득, 박사과정수료)을 공부하고 있다. 그 과정에서 다양한 계열의 전공자와 만날 수 있었다.

표면 또는 이면에서 마주하게 되는 미세한 차이를 이해할 것도 같았다. 미세한 차이는 career path(성공의 길이 되는 경력 개발과정)에서 기회의 차별을 야기하고 마침내 사회의 불평등을 확인하게 하였다.

모 단체에서 두드러진 활약을 하고 있는 이공계 분야여성들은 하고자 하는 일을 이루어 냈거나 더 큰 도약을 기대해도 좋을 여성과학기술자들로 구성되어 있다. 자발적으로 참여하는 career path에서 완주에 가까운 리더 그룹이라고 여겨도 좋을 인물들이다.

모 단체의 회장과 부회장의 환경과 나의 환경을 비교하여 그림으로 나타내보았다. 출신대학은 sky(5, 4점), 박사학위대학은 미국(5점), 전공(자연계열 5점, 공학중 IT 계열 3점, 전통공학계열 1점), 직장위치(수도권 5점, 대구, 대전, 충청권 3점, 그 외 1점)의 가중치를 주었다. 임의의 가중치를 두었으나 무엇이 리더 그룹으로의 진입을 허용하고 무엇이 저해요소인가를 찾아 기회의 불평등 구조를 파악하는데 도움이 되는 듯하다.

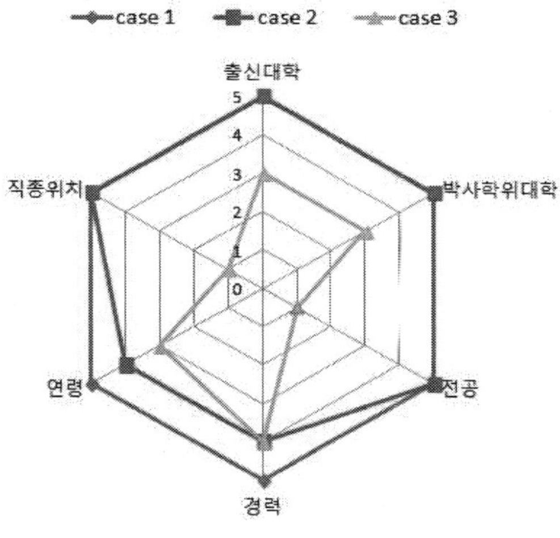

< case 1, 2 = 회장단, case 3 = 나 >

대학 졸업 이후 경력을 쌓아 가는 중에 나이도 함께 얻는다. 그러나 대학입학과 동시에 결정되는 출신대학과 전공에 대해서는 평생 다시 쌓기 어려운

울타리가 되어 상위 계층으로 올라갈수록 무거운 짐이 되고 만다.

그림에서 보듯 나는 아무리 성과를 내더라도 회장단에서 활동할 기회는 주어질 것 같지 않다. 찌그러진 육각형을 벗어날 수 없으니까 말이다. 현실을 인정하면 노력으로 가능한 일과 그렇지 않은 일이 분명해진다.

성공을 위해서는 부단한 열정으로 지치지 않는 성실한 노력을 계속하여야 한다는 엔젤라 더크워스 교수(Angela Duckworth, 미국, 심리학)의 연구 GRIT(그릿) 보고가 있다.

엔젤라 더크워스 교수는 실패, 역경, 슬럼프를 이겨낸 사람들만이 가진 성공의 비밀은 다름 아닌 열정과 끈기이며 이 중에서 끈기가 더 큰 요인이라 보고했다. 열정과 끈기를 지속하는 힘은 개인의 쾌락을 넘어 자신의 일이 타인과의 깊은 관계로 나타나는 이타성에서 비롯됨을 그녀의 연구(미국 성인

16,000명 조사)에서 알 수 있다.

열정과 끈기는 외부로부터 강력한 지배를 받기보다 내부적 요인 즉 온전히 개인의 힘으로 발생시키고 유지시켜야 하는 성질을 지닌다.

그러나 내가 직접 한 경험들과 참여 조직의 인물들을 관찰해 본 결과는 엔젤라 더크워스 교수의 연구결과를 넘어 참혹한 지경이다.

직장의 소재지에 따른 지리적 한계는 서울 중심의 사회활동으로의 접근성을 어렵게 하고, 신체적 에너지 소모가 많은 물리적 요소와 경제적 비용은 이타성을 발현하는 데 중요한 고려사항이라는 것을 엔젤라 더크워스 교수는 간과하였다. 열정만으로 해결되지 않을 실제적 문제이기도 하다. 문화적 배경의 차이 또는 다름이 그 이유일 가능성이 높다.

엔젤라 더크워스 교수의 연구결과에서 나타난 대로 열정과 끈기로 다부진 삶을 살더라도 대학과 학과의 결정은 사회에서의 성장에 한계를 가져오고 일터의 명성은 암묵적으로 등대가 되며, 일터의 소재지는 물리적으로 발목을 잡는 것이 현실이라는 이야기다.

2017년 대학의 신입생 수로부터 예측해보자면 앞으로 30년 후인 2047년에도 여전히 지방대학 출신 여성공학자들이 겪어야 할 사회적 차별은 여전 할 것 같다. 해결 할 방법은 없는가. 완전하거나 급진적이지는 않은 방법이지만 이 문제를 개선할 수 있을 방안을 제시하고자 한다.

첫째, 지방대학, 공학계열로의 전공을 찾아 입학하여 적용성을 갖춘 지식을 함양하기 위해 미래 여성공학자들이 용감하게 이 길을 선택할 수 있도록 'career path'를 제시하여야 한다.

그래야 그녀들이 그녀들 자신만의 'career path'를 그릴 수 있고 이는 결국 점점 더 많은 여성공학자들이 사회에서 이타성을 내어놓을 기회로 확장될 수 있게 한다. 경력단절에 주눅 들지 않고 다시 돌아올 수 있는 당당함은 그녀가 가야 할 곳에 더 많은 그녀들이 여전히 잘 살고 있을 때 생기는 자연스러운 격려가 된다.

둘째, 국가장학금을 지급하는 범위에 지방대학/여성/공학을 포함하는 정책마련을 제안한다. 국가장학금은 부모의 경제수준에 따라 지급되는 데 여기에 더해 4년간 학업에 매진할 수 있도록 지방대학/여성/공학을 택한 여성들에게 생활장학금을 빌려 주는 형태로 신청자에 한해 지급하는 것이다. 졸업 후 그녀들이 사회에 진출하여 4년간 공학계열의 적용성을 갖춘 기업에서 일하면 생활장학금을 갚지 않아도 되는 제도를 검토하는 것을 제안한다.

지금 정부가 중소기업에 종사하는 청년들에게 더해 주는 보조금, 직장을 찾기 위해 힘쓰는 청년들에게 지원하는 보조금 등과 비교하면 훨씬 적극적인 계획이며 어려운 부모의 경제력에 의한 영향력을 최소화 할 수 있고, 학생은 학업에 매진을 하게 되며 공학계열의 산업분야는 여성들의 참여가 증대되어 경력단절녀의 회전이 안정성은 확대 될 것으로 기대할 수 있겠다.

셋째, 이공계, 즉 과학기술분야의 단체(연합회, 학회, 포럼 등)의 리더들은 지금의 젠더 불균형에 의한 다양성 부재를 문제라 인식하지 못하는 심각한 문제를 외면하고 있다. 남성회원이 없는 여성과학기술계 조차 지역과 분야의 조화를 다룰 다양성 부족은 심각한 수준이다. 이는 여성과학기술자들이 날개짓 할 수 있는 기회가 턱없이 부족해서 생기는 현상이다.

그러므로 기회의 파이를 키울 능력 있는 리더, 극복해야 하는 문제를 통찰할 수 있는 리더, 균형 잡힌 이타성으로 도전하는 여성과학기술계의 리더가 절실하다. 이를 위해 리더는 학연/혈연/지연 등의 유혹을 극복하고 지역안배와 분야에 대한 배려를 시스

템화 하는 일에 먼저 힘을 쏟아야 할 것이다.

리더에게는 감성적 요소를 이성적 요소로 체제화(계량화) 할 용기가 필요할 것이다. 이런 리더 만이 여성공학자들이 지방에서도 사회를 위한 활동과 인간적 행복을 위한 활동을 조화롭게 할 수 있게 할 수 있다. 패자 없이 모두가 성공으로 가는 길이다.